DE LA NÉCESSITÉ

D'EMPLOYER QUELQUE MARIN

Auprès des Négociateurs Français, lorsqu'ils ont à traiter avec l'Angleterre, et principalement dans la circonstance actuelle du Congrès assemblé à Vienne;

SOUTENUE

Sur quelques détails intéressans relativement aux deux Marines de France et d'Angleterre.

PAR un OFFICIER DE LA MARINE en non activité.

Il y a, dans chaque Profession, des connaissances sur ce qu'on peut en appeler *les points de fait*, qui sont, en quelque sorte, étrangères à celles sur ce qu'on en peut appeler *les points de droit*, et qui ne peuvent s'acquérir que par une longue pratique du métier.

PARIS,

Chez les Marchands de Nouveautés.

Décembre 1814.

IMPR. DE RENAUDIÈRE, RUE DES PROUVAIRES, N°. 16.

AVERTISSEMENT.

ON croit devoir prévenir le Public que ce qu'on lui présente ici, faisait partie d'un Recueil de *Lettres sur la Marine*, écrites en 1810, et dont la première série était pour faire connaître ce qui semblait devoir être considéré en France comme la *vraie cause de la différence* qui se trouve entre la marine française et la marine anglaise.

Le séjour prolongé en Angleterre que l'Ecrivain de ces Lettres a fait depuis cette époque, comme prisonnier de guerre, ne lui avait permis de donner, jusqu'à ce jour, aucune publicité à ces Lettres; et des raisons particulières, fondées principalement sur le système qui ne paraît que trop adopté de nouveau pour la marine en France, système qui ne s'accorde point avec celui développé dans son Récueil de Lettres (1), lui font un devoir de les garder, au moins provisoirement, pardevers lui.

Il ne prend donc le parti d'en détacher et d'en offrir les Lettres qui suivent, que parce qu'elles ne sont, en quelque sorte, qu'incidentes à l'ouvrage cité; mais, sur-tout, parce que le moment actuel paraît d'autant plus propre à leur faire donner le jour, que les papiers nouvelles de ce pays, après avoir annoncé, il y a quelque temps, que le premier secrétaire de l'amirauté d'Angleterre était venu dans cette capitale, ont ensuite annoncé que l'amiral chevalier *Sydney Smith* se trouvait à **Vienne**, chargé d'*une mission diplomatique.*

Il est vrai que ces mêmes papiers ont donné, dans le temps, à cette mission, le prétexte public de quelques intérêts particuliers de marine, relatifs à ce qui s'était passé à *Venise*; mais si on considère, qu'indépendamment du Plénipotentiaire anglais près le Congrès, il se trouve, à Vienne, tant auprès de ce négociateur qu'auprès des divers souverains qui y sont réunis, plusieurs de ses compatriotes, ministres diplomates accrédités; si on considère ensuite l'appareil et l'éclat dont cet amiral soutient sa mission, en donnant des fêtes, que les journaux allemands ont annoncé avoir été accueillies par les divers plénipotentiaires au Congrès; une légère attention sur ce prétexte ne peut laisser de doute que la véritable destination de cet officier est d'assister le négociateur chargé des intérêts de l'Angleterre, dans la *partie* qui, à ce Congrès, peut être proprement dite *navale* (2).

Or, c'est une semblable mission qu'on désirerait voir le Gouvernement français donner à quelque marin, auprès de son plénipotentiaire, à ce Congrès, parce qu'il ne lui serait certainement pas inutile, si on en peut juger par la négociation dont il s'est trouvé chargé avec l'Angleterre, pour la paix maritime en 1806, et dont on va se permettre d'examiner quelques points dans ce qui suit.

Dans la série des Lettres sur la *vraie cause* de la différence qui existe entre la marine française et la marine anglaise, on examinait les divers *élémens* qui forment cette cause, et comme l'un desquels on croyait devoir considérer les

» *notions peu justes* » (disons le mot, comme dans l'ouvrage dont on parle) « *les notions* » *fausses et erronées* » que les principaux membres du Gouvernement en France ont toujours eues d'une marine, c'est-à-dire, de ce qu'on doit proprement appeler *armée*, ou *forces de mer*; et comme cet élément de la vraie cause de la différence entre ces deux marines est absolument le même objet qu'on a à traiter ici, puisqu'il s'agit d'en déduire la nécessité d'employer quelque marin auprès du plénipotentiaire français qui se trouve à Vienne, on va présenter les Lettres qui traitaient de cet élément, telles qu'elles étaient écrites dès 1810.. ., parce que, quoique depuis cette époque la situation des grands états de l'Europe, ait encore entièrement changé de face, les évènemens qui ont amené ce changement, semblent prouver jusqu'à l'évidence, loin de détruire ni même d'affaiblir en aucune manière, combien est fondé ce reproche qu'on croit devoir faire aux principaux membres du Gouvernement français, d'avoir eu toujours des idées peu justes, des idées fausses et erronées, relativement à ce que sous le nom de *marine* on doit entendre par *armée*, ou *forces navales*, qui, sans doute, devront entrer en considération dans le Congrès actuellement assemblé à Vienne, en raison du rapport que ces forces doivent avoir avec les intérêts, tant pour la guerre que pour le commerce maritime entre les diverses puissances, dont les intérêts de toute espèce sont dans le cas d'y être traités.

DES

NOTIONS PEU JUSTES,

ou plutôt

DES NOTIONS FAUSSES ET ERRONÉES,

Possédées jusqu'à ce jour par les principaux Membres du Gouvernement français, relativement à la marine ; de leur influence sur le sort de l'armée navale de France ; et de leur importance dans les négociations avec l'Angleterre.

LETTRE PREMIÈRE.

S'il était nécessaire de présenter beaucoup de preuves des notions peu justes, des notions fausses et erronées, possédées jusqu'à ce jour, généralement parlant, par les principaux Membres du Gouvernement français, relativement à une marine, sous ce qu'on pourrait appeler *ses points de fait*, c'est-à-dire, considérée ici seulement sous le rapport de ses causes, de ses moyens, de ses effets et de son organisation, je trouverais ces preuves en grand nombre dans les discussions qui ont eu lieu à son égard, sur-tout depuis une vingtaine d'années, tant dans les diverses branches du corps législatif, que parmi celles du pouvoir exécutif; et toutes les citations que je pourrais en faire ne laisseraient aucun doute sur l'existence de ces notions peu justes, ainsi que sur l'influence malheureuse que des notions aussi fausses n'ont pu manquer d'avoir sur le sort de notre armée navale : mais comme il ne s'agit en ce moment que de prouver la nécessité qu'il y aurait d'employer quelque marin auprès du négociateur français qui se trouve au congrès de Vienne, je me contenterai de deux de ces preuves, présentées par *ce même négociateur* ; et je les prendrai dans sa correspondance officielle, publiée par ordre du gouvernement, au sujet de la rupture des négociations pour la paix maritime en 1806.

En puisant ces exemples dans une source aussi respectable, mais en même temps aussi positive, j'ose croire que non-seulement je justifierai ma témérité pour une pareille liberté, mais encore que je prouverai l'importance que me semble mériter un pareil sujet.

J'ose aussi me persuader que non-seulement c'est prendre le *maximum* de ces notions en général qu'ont possédées les principaux membres du gouvernement, où les preuves *de fait* existent que, dans aucun temps, on n'en a eu de beaucoup plus saines ; mais encore que c'est prendre le *nec plus ultrà* des meilleures idées même du gouvernement, relatives à une marine ; puisque ces idées étaient mises au jour pour parvenir à une paix, qui aurait mis un terme à un système nécessairement dévorant les premières sources vitales des états restés en guerre, et qui aurait incontestablement prévenu l'effusion du sang que les guerres qui s'en sont encore suivies, ont fait couler à si grands flots.... Car quoique le résultat définitif de ces nouvelles guerres ait fini par apporter un changement absolu dans le systême politique de l'Europe (changement dont la France est l'Etat le plus favorablement situé pour être le premier à profiter, et dont nous devons espérer qu'elle ne manquera pas de tirer son profit.)— Ce résultat n'en laisse pas moins fausses les idées mises au jour dans cette négociation de 1806, dont la rupture doit leur être attribuée vraisemblablement beaucoup plus qu'on ne paraît se l'être imaginé en France.

S'il est indubitable que dans aucune circonstance, mais plus encore lorsqu'on cherche à s'accommoder, il ne peut être avantageux de dévoiler soi-même sa propre infériorité, et de publier soi-même la supériorité de son adversaire, parce que c'est, en ce cas, provoquer celui-ci à augmenter ses prétentions; n'est-il pas encore plus incontestable que pour s'avouer soi-même *plus faible qu'on ne l'est réellement*, et pour reconnaître aussi soi-même son ennemi *plus fort qu'il ne l'est effectivement*, n'est-il pas encore plus incontestable, dis-je, que, dans ce cas, il faut ignorer ses propres forces, avoir une fausse prévention de celles de son adversaire, et méconnaître ses moyens de résistance ; c'est-à-dire, enfin, être dans une *erreur bien caractérisée* des élémens qui constituent la force dont on a besoin ?.... Or, c'est ce que présente cette négociation de 1806 dans celles de ses parties qui concernent une marine, et où entre autres on trouve les passages suivans que j'approfondirai rapidement, mais seulement pour établir mon assertion de la nécessité d'employer quelque marin auprès du négociateur français à Vienne, pour aider à faire contre-poids à celui d'Angleterre qui s'y trouve.

Le premier de ces passages de la négociation, qui est extrait de la lettre écrite à Paris en date du premier avril, par le ministre des relations extérieures, et par lui adressée au ministre des affaires étrangères à Londres, porte à la fin du sixième paragraphe :

« Toutes les pertes que la France pouvait faire (de
» la guerre maritime) elle les a faites : elle les fera
» toujours dans les six premiers mois de la guerre. »

Il est pénible d'être obligé de commencer la réfutation de cette idée, par reconnaître son inexactitude aussi malheureusement que nous sommes obligés de le faire ; mais des *faits notoires* sont des évidences incontestables : et comme il est ici question de prouver que nos malheurs en marine n'ont toujours été que l'effet des erreurs sur lesquelles reposait le système d'après lequel elle était dirigée par le gouvernement, ce n'est point en dissimulant ces malheurs qu'on y porterait remède :

Ce n'est point parce que nous avons peut être l'infortune de nous imaginer, ou bien parce que nous feindrions de croire, ou bien parce que nous voudrions persuader à l'Angleterre que nous n'avons plus de pertes à souffrir après *six mois de guerre sur mer*, qu'elle croira que la cessation de notre commerce maritime pendant le cours de plusieurs années après ces premiers six mois, n'est point pour nous une perte sensible ; qu'elle croira que les évènemens de Trafalgar et Santo-Domingo, encore récens à l'époque où cette lettre était écrite par le négociateur français, quoique arrivés *près de trois ans après* le commencement des hostilités, ne nous ont point été sensibles.... qu'elle croira enfin que la prise de la Martinique, de Cayenne, de l'établissement qui nous restait à Saint-Domingue, de celui que nous avions au Sénégal, de la Guadeloupe, des Iles-de-France et de Bourbon, ainsi que les attaques sur l'escadre de Rochefort et sur Flessingues, etc. lesquels tous évènemens sont arrivés plus de cinq et six ans après la déclaration de guerre ; qu'elle croira, dis-je, que tous ces évènemens ne nous ont pas été sensibles, et n'ont pas été pour nous de nouvelles pertes !

A la vérité, *très-souvent*, mais non pas *toujours* dans les premiers six mois des guerres maritimes, nous avons fait des pertes conséquentes, par la prise inattendue de nos navires de commerce ;... et à la vérité aussi, je crois que nous en ferons toujours de semblables dans les semblables guerres à venir, si nous persistons dans le même système de marine ; mais il n'en est pas plus exact d'avancer que toutes nos pertes ont été et seront toujours faites dans les premiers six mois, parce que (en admettant, ainsi que cela ne devient que trop à craindre (3), que nous n'ayons pas dorénavant plus de marine, et que nous veuillions toujours avoir des colonies), il est constant que celles-ci ne tomberont jamais au pouvoir de l'ennemi, que *long-temps* après que la métropole aura souffert de sa non communication avec elles, et réciproquement, et surtout que *long-temps* après que leur conservation, *dans ce cas trop prolongée*, aura fait éprouver, 1°. au commerce français de nouvelles pertes par les navires qu'il tentera toujours d'y expédier et d'en faire revenir; 2°. à la France elle-même de nouveaux désastres, par les secours maritimes et militaires qu'elle voudra leur faire passer ; secours toujours en trop grande quantité, puisqu'ils finissent par être perdus, mais aussi jamais assez puissans et encore moins assez à volonté, *faute de marine*, pour prévenir *finalement* la chute de ces établissemens entre les mains de l'ennemi.

Mais, *pourquoi* la France a-t-elle presque toujours souffert des pertes aussi conséquentes dans ces commencemens de guerre? et *pourquoi* la France les souffrirait-t-elle toujours à l'avenir?

Je répondrai sans embarras à la première de ces questions :

« Parce que la France n'avait point de marine, » c'est-à-dire « d'ARMÉE NAVALE ; » et c'est incontestable.

Mais quant à la seconde de ces questions, s'il faut

absolument en admettre la possibilité du résultat, je ne craindrai point de répondre que ce serait :

« Parce que la France **ne** voudrait point avoir de » marine ! » Car dès que la France *voudra sincèrement* en avoir une, il est aussi peu vrai qu'elle doive toujours, au commencement des guerres sur mer, éprouver plus de pertes considérables que n'en éprouverait l'Angleterre, qu'il est inadmissible que ce soit celui qui est dans le cas d'être frappé par le plus de côtés, que ce soit celui qui a le plus de parties vulnérables, que ce soit enfin celui qui est le plus faible, qui doive vaincre le plus fort !

En effet, admettons pour un moment, ce qui est devenu *aussi nécessaire que facile* à la France, et ce dont il faut encore espérer, que l'expérience de vingt années de malheurs lui aura aussi bien fait sentir *la nécessité que la facilité;* admettons pour un moment, dis-je, que nous ayons à l'avenir une marine ; et si on veut porter la moindre attention aux immenses moyens que notre pays possède d'en avoir une (4), je ne suppose pas qu'on en puisse contester la possibilité, (même en France, où je crois qu'il n'y a que là qu'on en ait pu et qu'on en puisse douter), admettons, je le répète, que la France se créée une marine, c'est-à-dire *UNE ARMÉE NAVALE*, qu'elle l'entretienne en tout temps de la même manière qu'elle entretient son armée de terre ; qu'en temps de paix elle l'exerce comme elle exerce son armée de terre, pour que, comme celle-ci, en temps de guerre, l'armée de mer n'ait plus qu'à faire la guerre ; dans cette supposition, qui oserait prétendre que la France devrait toujours éprouver ces pertes ? ou plutôt qui pourrait se refuser à convenir que ce serait l'Angleterre, au contraire qui, *à son tour*, ne pourrait les éviter ?

Et en voici la preuve :

A la déclaration d'une guerre par mer, l'Angleterre peut être attaquée non-seulement sur toute l'étendue de ses frontières, c'est-à-dire tout autour de ses trois principaux royaumes, mais encore dans l'innombrable quantité de colonies qu'elle possède dans les *cinq* parties du monde, où elles sont dispersées ; car on peut bien, en quelque sorte, appeler aujourd'hui une cinquième partie du monde les mers où se fait sa navigation, et sa grande pêche de baleine, ainsi que les pays où sont situés ses établissemens de Botany - Bay, de Norfolk, de Port-Jackson, etc., etc..... Or, l'Angleterre n'a qu'une population, ni proportionnée à ses besoins de défense contre une pareille attaque, ni encore moins susceptible de lui permettre de projeter et d'entreprendre aucun débarquement sensible, soit sur ceux des Etats du continent avec lesquels elle entrerait en guerre, et dont elle voudrait détourner les coups, soit sur leurs possessions éloignées !

L'Angleterre fait un commerce maritime excessivement étendu ; c'est-à-dire qu'elle a, *sur toutes les mers* et *dans tous les temps*, une quantité innombrable de navires marchands, qui, dès le commencement d'une guerre, peuvent d'autant plus facilement devenir la proie de son ennemi, qu'il serait impossible qu'ils fussent *tous* et *partout* prévenus des hostilités ; et quelque nombreuse que pourrait être sa marine, elle ne pourrait suffire à leur protection sur tous les points où elle leur deviendrait nécessaire. (5)

La France, au contraire, dans les cas d'une même déclaration d'hostilités sur mer, n'a guères que le tiers de ses froutières susceptibles d'être attaquées : .

La France est, et sera de long-temps beaucoup moins riche en colonies, ainsi beaucoup moins de points éloignés vulnérables ; et la France possède non-seulement une population suffisante pour repousser de semblables attaques, si son ennemi venait à les tenter, mais encore une population assez nombreuse pour lui permettre de débarquer des armées entières jusqu'au sein même du pays ennemi :

La France enfiu ayant beaucoup moins de colonies, faisant par conséquent beaucoup moins de commerce maritime, emploie beaucoup moins de navires marchands susceptibles d'être surpris ; et ceux-ci peuvent donc être plus généralement et plus aisément prévenus de la rupture de la paix, comme aussi conséquemment ils peuvent être, avec plus de facilité, protégés par la marine française DÈS QU'IL EN EXISTERA UNE, beaucoup moins nombreuse même que celle de l'Angleterre.

Voilà des évidences, je crois, incontestables, contre l'assertion que la France avait *toujours* souffert et doit *toujours* souffrir des pertes considérables, ainsi qu'elle doit *toujours* souffrir *toutes* ses pertes, dans les six premiers mois d'une guerre maritime. Comment donc se faisait-il qu'une pareille idée fût entretenue, et sur-tout mise en avant, par la France, dans une négociation avec l'Angleterre? Cette idée ne porte-t-elle pas déjà, relativement à une marine, le sceau de ces notions fausses et erronées que je prétends exister parmi les principaux membres du Gouvernement français ; de ces idées dont on trouve des preuves encore plus frappantes dans divers autres passages de cette correspondance officielle du négociateur qui se trouve maintenant à Vienne pour les intérêts de la France, et dans laquelle néanmoins je me bornerai d'en prendre encore un seul pour faire le sujet des deux lettres suivantes.

LETTRE DEUXIÈME.

———

Lᴇ passage de la correspondance officielle pour la négociation avec l'Angleterre, sur lequel je vais appeler l'attention, se trouve au paragraphe *onze* de la même lettre du 1ᵉʳ. avril, citée précédemment ; et je devrais peut-être réclamer de l'indulgence pour l'étendue et pour la chaleur avec lesquelles je vais l'examiner ; mais j'espère que les détails dans lesquels j'entrerai en seront ma justification, d'autant plus que je doute qu'on en puisse mettre assez pour attirer à cette idée toute l'attention qu'elle me semble mériter, autant sous le rapport de l'erreur qui m'y paraît contenue, que sous celui de l'importance dont je crois qu'elle était et qu'elle est pour la marine française, ainsi que pour la nécessité d'employer quelque marin auprès du négociateur français qui se trouve maintenant à Vienne.

Ce onzième paragraphe de la lettre du ministre français au ministre anglais commençait par ces mots : « Nos intérêts sont conciliables, parce qu'ils
» sont distincts ; vous êtes les souverains des mers ;
» vos forces maritimes égalent celles de tous les sou-
» verains du monde réunis ; nous sommes une
» grande puissance continentale, etc., etc. »

« Vous êtes les souverains des mers ; vos forces

» maritimes égalent celles de tous les souverains
» du monde réunis. »

Oh, funeste idée !... car il ne m'est pas possible de
vous appeler *aveu*, puisque le fait n'existe pas. *C'est
peut-être à vous, ce n'est peut-être qu'à vous*, que la
marine française doit aujourd'hui son anéantisse-
ment! Ce n'est que parce que depuis trop long-
temps vous *influencez*, ce n'est que parce que depuis
trop long-temps vous *dirigez*, le cabinet des souverains français, que ceux-ci n'ont point entrepris
de mieux connaître ni de mieux exercer leurs droits
à cette souveraineté, et qu'ils en ont ainsi laissé
usurper la jouissance apparente !.... Ce n'est au
moins que dans vous que consiste cette souveraineté des mers dont semble jouir l'Angleterre ;
comme ce n'est aussi que dans vous que consistaient
ces forces prétendues si imposantes !

« Vous êtes les souverains des mers ! les Anglais ! »

Pourquoi donc leur reconnaît-on cette souveraineté? parce qu'ils y prétendent sans doute? (6) Car
cette souveraineté ne doit appartenir à l'Etat qui a le
plus grand nombre de vaisseaux de guerre, que s'il a
en tout temps la *faculté* de les tenir armés, avec la
faculté de les armer de suite, et d'un instant à l'autre.
Or, pour cela, il faut une nombreuse population dont
est privée l'Angleterre! (7)

Cette souveraineté ne doit appartenir à l'Etat qui
a le plus grand nombre de bâtimens de guerre, que
s'il a en tout temps la *faculté* de les entretenir équi-

pés, avec la *faculté* de les équiper promptement ; or, pour cela, il faut une abondance, dans le pays, de munitions *navales*, de *guerre*, et *de bouche*, que le territoire de l'Angleterre est loin de pouvoir fournir, et une richesse *réelle* que l'Etat des finances de ce royaume est loin de présenter. (8) Cette souveraineté enfin doit appartenir et elle appartiendra à l'Etat qui *pourra toujours s'en emparer* le premier *au commencement de toutes les guerres* ; c'est-à-dire à la puissance qui réunira toutes ces facultés de l'obtenir et d'en jouir. (9) Or, la France est le seul Etat qui ait *ces facultés* et cette *possibilité*, par sa position au centre des Etats de l'Europe ; par la situation particulière et heureuse de ses ports relativement à son territoire, et relativement à celui de sa rivale ; (10) par sa nombreuse population ; par l'inépuisable abondance de munitions que son sol peut constamment fournir ; et enfin par sa richesse *réelle*, ainsi que l'état prospère de ses finances : tous moyens qui lui permettent d'entretenir en *tout temps* une armée navale, susceptible d'être alors *toujours* la première à la mer, et d'y être conservée le *plus long-temps*.

« Vous êtes les souverains des mers ! les Anglais ! »

Mais où et comment donc ont-ils acquis et exercé cette souveraineté des mers, pour qu'on la leur reconnaisse aussi entière, avec autant de facilité et aussi ouvertement?... Est-ce parce qu'ils ont battu et se sont emparés de nos escadres ? Mais d'abord ils ne l'ont jamais fait *en pleine mer*, où cependant nos armées ont fréquemment navigué; ainsi, rigoureu-sement parlant, ce n'était point pour eux un titre de souveraineté des mers, puisqu'ils ne pouvaient nous empêcher de les parcourir.

Et quant à ces succès que certainement ils ont ob-tenu très-souvent, et plus particulièrement en-core dans ces deux dernières guerres, à quoi doit-on les attribuer? à leur souveraineté des mers? Non… car ils s'y sont rarement présentés en nombre supérieur, mais fréquemment en nombre inférieur; et consé-quemment si toutes les autres chances avaient été égales, la souveraineté aurait été contre eux.

Mais on ne doit plus se le dissimuler, et il est enfin temps d'être juste envers la marine de France : ces succès de la marine d'Angleterre étaient dûs ;

1°. A la guerre qu'on faisait toujours faire aux escadres françaises, guerre qui n'étant que défensive, *était*, comme le dit Montesquieu, *décourageante, et les privait des avantages du courage et de l'énergie de l'attaque.*

Ces succès de la marine d'Angleterre étaient dus ;

2°. Aux missions dont (néccessairement sans doute) les escadres françaises étaient toujours chargeés : mis-sions qui avaient tout autre but qne celui d'aller cher-cher et combattre l'ennemi, et pour la réussite des-quelles elles devaient toujours l'éviter (11): missions en conséquence, qui, d'abord, plaçaient ces escadres, lorsqu'elles venaient à découvrir l'ennemi, dans une incertitude de manœuvres qui ne pouvait finir que par leur en faire faire une mauvaise; et qui, ensuite, lorsqu'elles venaient à être attaquées par cet ennemi, les plaçaient dans un abattement d'esprit que ne peut manquer d'éprouver le marin, comme le soldat, lorsqu'il est tenu long-temps en suspens, et avec cette crainte d'être battu, dont il n'avait que la perspective dans la fuite qu'on commençait toujours par lui faire prendre. (12)

Ces succès de la marine d'Angleterre étaient dus;

3°. A des dispositions d'installation sur les vaisseaux, et à des préparatifs pour manœuvrer à la vue de l'ennemi, et avec l'ennemi, ainsi que pour le combat, et pendant le combat, dont étaient presque toujours privées les escadres françaises; parce que ces dispositions et ces préparatifs ne pouvant être que le fruit d'un long séjour à la mer, on ne peut les recueillir, dès en sortant des ports, ni avant de s'être au moins éloigné depuis quelque temps des côtes.

Ces succès de la marine d'Angleterre étaient dus;

4°. Au vice d'une discipline, que généralement on n'a point pu maintenir, ni *même établir* dans les escadres françaises; et qui, particulièrement depuis une vingtaine d'années, a été continuellement de plus en plus désorganisée par les fréquentes et encore plus mauvaises lois que souvent on a faites à son sujet. (13)

Ces succès de la marine d'Angleterre étaient dus;

5°. Aux avantages conséquemment contraires qu'avait cette marine, dont les escadres, 1°. n'étaient expédiées que pour faire la guerre offensive; (14)

(16)

2°. n'avaient de missions que celles de chercher, poursuivre, attaquer et combattre l'ennemi (15); 3°. sont depuis plus de vingt ans constamment à la mer; et 4°. ont une discipline qui, non-seulement existe sans altération depuis plus d'un siècle, mais encore qui est fondée sur le besoin que semble en avoir un semblable service, et est basée sur les moyens qui peuvent y conduire. (16)

Ces succès de la marine d'Angleterre étaient dus;

6°. A la grande supériorité, généralement parlant, du nombre de bâtimens qui composaient le matériel de son armée navale ; parce que cette supériorité, que l'Angleterre a toujours possédée sur la France, et particulièrement dans ces deux dernières guerres, a dû à la longue, et par un effet naturel, contribuer à la supériorité de ses actions, par la même raison, et comparativement parlant, que dans le commerce celui qui a le plus de capitaux peut faire le plus de spéculations, peut s'exposer à plus de risques, et doit être moins sensible à quelques pertes, etc.

Ces succès de la marine d'Angleterre étaient dus enfin ;

A la supériorité de forces et de courage, que, comme l'ont observé César et Annibal, « ceux qui attaquent possèdent sur ceux qui n'agissent qu'en défensive (17) ».

Or, toutes ces causes des succès de la marine d'Angleterre ne sont que des causes accidentelles et temporaires; et telle puissance maritime qui en profite aujourd'hui, peut demain n'en plus disposer, ou au moins peut les trouver dans son adversaire ; comme aussi telle autre puissance maritime qui, jusqu'à ce jour, a négligé ces moyens, ou les a méconnus, ou enfin de quelque manière que ce soit, les a eus en sa défaveur, peut à l'avenir en tirer parti, et alors balancer ces succès qui n'étaient, chaque fois, que l'effet d'une *supériorité momentanée*, et qui conséquemment ne constituent point réellement la souveraineté des mers, à moins qu'on n'ait toujours, et en tout temps, les moyens de les obtenir, ce dont ne pourraient se flatter les Anglais (18), qui ne doiven donc point être aussi facilement, ni aussi hautement proclamés comme les souverains des mers.

« Vos forces maritimes égalent celles de tous les » souverains du monde réunis ! »

Et c'est à l'Angleterre qu'en 1806 la France tenait ce langage ! Mais quelle fatalité donc s'attachait à notre marine, et quel heureux talisman enveloppait donc aussi celle de nos ennemis ?… Il faut déchirer ce voile…. D'abord, de même qu'on vient de le voir pour leur prétendue souveraineté des mers, ces forces prétendues si considérables, aussi rigoureusement parlant, n'existaient point ; car si l'on rassemble les forces maritimes, non de tous les souverains *du monde réunis*, mais seulement *du monde européen*, à cette époque de 1806, il est de fait que celles-ci étaient presque le double de celles de l'Angleterre.

La France, dans ses divers ports d'Anvers, de

Brest, de Lorient, de Rochefort, de Toulon et de Venise, comptait encore près de quarante vaisseaux de ligne ; — la Russie dans la mer Baltique, dans la mer Noire, et dans la mer Méditerranée à cette époque, en possédait plus de soixante ; — l'Espagne, dans les ports du Férol, de Cadix et de Carthagène en réunissait au moins vingt ; — le Danemarck en avait *dix-huit* de rassemblés à *Copenhague*, où les Anglais les trouvèrent *en bon état* l'année suivante ; — la Turquie portait les siens à plus de trente ; — le Portugal, d'après le rapport fait l'année suivante par l'amiral comte Saint-Vincent lui-même, en mission diplomatique et sur les lieux, en avait dix-sept à Lisbonne ; — la Suède, quatorze ou quinze ; — et enfin la Hollande, cinq ou six ; — ce qui fait un total de plus de deux cents vaisseaux de ligne ; tandis que l'Angleterre, d'après sa propre liste *de tous les mois*, n'en comptait tout au plus que cent-vingt ; car il ne faut pas comprendre ceux qu'elle y portait en construction, et tous ceux pour *prisons*, hôpitaux, magasins, casernes, dépôts et autres vieux qu'elle conserve sur cette liste, seulement *pour figurer ;* ces derniers bâtimens étant hors d'état de servir, et puisque je n'ai pas compris les semblables parmi ceux des autres marines que je viens de désigner.....

Ainsi donc, rigoureusement parlant, *les forces maritimes de l'Angleterre étaient loin d'égaler celles de tous les souverains du monde européen.*

Mais je vais plus loin dans l'examen de ces mêmes forces maritimes de l'Angleterre, prétendues si considérables; je me reporte à cette liste de la marine, dont au commencement de chaque mois l'amirauté anglaise a soin de faire une *jactance*, au moyen de laquelle elle réussit si bien à éblouir la vue des puissances du continent, et à égarer leur jugement (19). Je prends la liste du commencement de 1810, époque à laquelle elle est enrichie du *vol* des vaisseaux danois, et de *vingt-sept* vaisseaux construits et mis à l'eau entre ces deux époques de 1806 à 1810, pendant lequel temps les pertes qu'elle a pu faire sont compensées, encore à son avantage, par les bâtimens qu'elle a pris sur ses ennemis (20).

Sur cette liste, on trouvait nommés *onze cent trente et quelques bâtimens de guerre* (celle du mois d'avril 1806 n'en présentait pas tout-à-fait mille) qui comprenaient ;

D'abord, plus de *six cents* bâtimens légers de vingt canons et au-dessous, et qui conséquemment ne pouvaient ni ne devaient être portés dans un *compte réel* de forces navales ;

Secondement, environ cinquante vaisseaux de quarante à cinquante canons qui pourraient entrer dans un compte réel de forces navales, mais dont le plus grand nombre en était exclus par leur état, d'*être trop vieux*, et de ne pouvoir pas seulement, pour la plupart, être employés comme *transports* à la mer;

Troisièmement, deux cent soixante-deux vaisseaux de ligne (y compris quarante-huit vaisseaux de soixante-quatre, qui commencent à ne plus être comptés dans la classe des vaisseaux de ligne, où néanmoins je les conserve, en ce moment, pour me conformer à cette liste des vaisseanx anglais, sur laquelle ils étaient ainsi portés) : et de ces deux cent soixante-deux vaisseaux, *quarante-quatre* étaient sur les chantiers, *quatre-vingt-six* avaient plus de vingt-quatre années d'âge, et *soixante - quatre* étaient des prises faites sur six ou sept puissances maritimes avec lesquelles l'Angleterre s'est trouvée en guerre, à différentes époques, quelques-unes même déjà très-reculées; et quoique ces derniers vaisseaux ne fussent point apostillés de leur âge sur cette liste, on peut avancer (ainsi qu'incessamment on en va donner la preuve) que les trois quarts au moins pouvaient être compris dans la classe des vaisseaux ayant plus de vingt-quatre ans, ainsi d'ailleurs que le constatait cette liste elle-même, puisqu'ils n'y servaient que de prisons, hôpitaux, pontons, magasins, réserves, etc., etc., et n'avaient pas même cette destination, toute inactive qu'elle est.

Or ce *dépouillement* ainsi fait de cette *glorieuse* liste, réduisait donc la marine anglaise, pour cette époque de 1810, à 68 vaisseaux effectifs; auxquels, pour ne point se faire d'illusion en sa défaveur, on pouvait en ajouter une quarantaine de ceux des deux autres classes, et conséquemment porter cette marine à environ cent vaisseaux, avec cent cinquante fortes frégates tant bonnes que mauvaises, et soixante-dix petites frégates, ou plutôt fortes corvettes, dans un semblablé état.

Voilà ces forces maritimes de l'Angleterre que

les simplesélémens de l'alphabet et de l'art de la numération décomposaient et réduisaient à leur vraie valeur, comme je viens de le faire, puisqu'il ne m'a fallu *que lire* sur cette liste les noms des vaisseaux qui y étaient portés ; *que lire* la distinction de quelle nation ils provenaient (21), ou plutôt la *vaine gloriole* qui y est consignée à cet égard ; car on n'y désignent point si ces vaisseaux ont été gagnés à la suite des combats ; ou bien s'ils ont été remis par convention comme à Toulon, où ils en prirent et brûlèrent quatorze ; ou bien s'ils ont été livrés par trahison comme en Hollande, où ils reçurent toute l'escadre du Texel ; ou bien s'ils ont été volés comme à Copenhague, d'où ils en emmenèrent dix-sept ; *que lire* la destination qui leur était donnée sur cette liste, et qui, dans la récapitulation, à quoi l'on s'arrête trop généralement, les présentait comme étant effectivement employés ;... et enfin *savoir compter* les années d'âge dont ceux de construction anglaise étaient apostillés.

S'il fallait donner de nouvelles preuves de l'exactitude de cette analyse et de cette décomposition des forces réelles au matériel de la marine anglaise, je les trouverais, d'abord, consignées en abondance et en évidence dans les brochures publiées journellement en Angleterre ; secondement, dans les propres journaux de cette nation, et enfin dans les actes publics même de son gouvernement (22).

Quant à prouver que les vaisseaux de l'Angleterre qui commencent à ne plus être de *ligne*, c'est-à-

dire ceux de 5o à 64 canons, dont on vient de voir que
le nombre se montait à quatre-vingt-douze, étaient
pour la majeure partie hors de service, il suffit de
prêter quelque attention aux observations qu'on ne
cessait de faire tant dans le parlement qu'au de-
hors, sur l'énormité des dépenses faites pour l'*affrétement des transports* nécessaires aux expéditions
mari - militaires : observations qui paraissaient
certainement bien fondées, lorsqu'on considère que
cette Angleterre, qui, pendant toute l'année 1809,
remplissait la liste de ses forces navales d'au moins
deux cent quatre-vingts vaisseaux de quarante-
quatre canons jusqu'à cent vingt, et de plus de
huit cents bâtimens au-dessous de ces rangs, était
obligée d'allouer dans les dépenses de sa marine ,
pour cette même année, la somme de *soixante-
douze millions de francs*, uniquement pour l'affrétement des transports dont le service a été de porter
les munitions et les troupes, qui vraisemblablement
ont été nécessaires aux expéditions que l'Angleterre
fit sortir vers cette époque, de *Plymouth* pour le
Portugal, et des *Dunes* pour l'Escaut (23).

Quant ensuite à prouver l'état de vétusté où se
trouvaient les bâtimens de ses ennemis que l'Angleterre possédait, et dont elle ne pouvait faire connaître sur cette liste le nombre d'années d'âges ; en
m'attachant seulement aux vaisseaux de ligne (et
on ne doit pas se dissimuler que les bâtimens de rang
inférieur sont proportionnellement et respectivement
dans un semblable état) quant à prouver, dis-je, l'état

de vétusté de ces vaisseaux, il suffit de jeter un coup-d'œil sur le nombre et sur la désignation nationale dont se trouvaient ceux qui étaient employés en service actif..... Sur soixante-quatre de ces vaisseaux, il y en avait quarante-cinq, qui ne servaient que de prisons, dépôts, réserves, etc., etc., ou qui étaient tout-à-fait hors de service, et seulement dix-neuf d'employés activement ; or, lorsque de ces dix-neuf il s'en trouvait *huit Danois* sur seize de cette nation, contre onze sur quarante-huit des diverses autres puissances, ne devient-il pas évident qu'un plus grand nombre de ces derniers ne pouvaient servir à la mer ? N'a-t-on pas été assez révolté dans le sénat entier de la nation anglaise, c'est-à-dire dans l'une et l'autre chambre du parlement, contre l'expédition de *Copenhague*, pour que si les ministres d'Angleterre eussent pu se passer d'employer les vaisseaux qu'*ils venaient ainsi de voler*, ils les eussent tenus désarmés, au moins pendant la guerre d'alors, ainsi qu'il l'avait été formellement demandé dans le parlement ; et en même temps pour qu'on ne puisse attribuer le grand nombre de ces vaisseaux danois qu'ils tenaient armés, respectivement au nombre proportionné des quarante-huit autres vaisseaux, qu'au besoin qu'ils avaient de bâtimens, et à la circonstance que ceux du Danemarck pouvaient servir sans de grandes réparations, qui étaient indispensables, et qu'ils n'avaient pas les moyens de faire faire à ces vaisseaux des autres puissances ?

Mais de plus, si la marine anglaise avait été réellement forte en vaisseaux, pourquoi en aurait-elle eu à cette même époque *quarante-quatre* sur les chantiers, *dont plus de vingt par contrats avec des particuliers*; après en avoir dans le cours des trois années précédentes construit et mis à l'eau *vingt-sept*, et sur-tout après avoir encore affaibli la marine de ses ennemis par le vol des vaisseaux Danois; par les évènemens de Rochefort, de l'insurrection de Cadix, de la baie de *Rosas*; et par les pertes que venaient aussi de souffrir la Russie dans la Baltique, et la Turquie dans la Mer noire?

De quel poids est cette question, si on considère le prix énorme auquel en Angleterre se montaient ces constructions navales, dont le prix du contrat pour les vaisseaux de soixante-quatorze qui, en 1800, était déjà, pour la coque seulement, de 836,640 fr., était monté en 1805 et était resté depuis à 1,434,240 fr.; c'est-à-dire près d'un tiers au-dessus de ce que, seulement vingt ans auparavant (en 1789), coûtait la coque d'un semblable bâtiment; mais avec *de plus* son doublage en cuivre, sa mâture, son grément, ses ancres, ses cables, ses voiles, son armement en général, si on en excepte l'artillerie, et de plus encore ses rechanges pour huit mois de campagne (24).

Certes, voilà des preuves qui doivent commencer à convaincre que la marine d'Angleterre était loin d'être réellement *ce qu'on l'imaginait*, était loin d'être ce qu'*elle paraissait*, et sur-tout était bien loin d'être *égale à toutes les marines du continent réunies !*

« Vos forces maritimes égalent celles de tous les
» souverains du monde réunis ! »

Mais en admettant que l'Angleterre eût eu ces *onze
cent trente et quelques* bâtimens en état de servir à la
mer, ils ne pouvaient toutefois y être envoyés, et
être armés, sans avoir chacun leur *équipage*; or, ce
personnel, composé conformément au tarif qui en
est indiqué dans cette même liste de la marine pour
chaque espèce de bâtiment (lequel tarif est généralement d'un sixième moins fort que le correspon-
dant pour les bâtimens français du même rang,) ce
personnel nécessaire, dis-je, se montait à un peu
plus de *deux cent quatre-vingt-dix mille hommes;* c'est-
à-dire, requérait près des trois cinquièmes plus
d'hommes que le parlement n'en accordait chaque
année pour cette armée navale : car il n'accordait de
fonds que pour cent trente et quelques mille marins,
y compris trente et quelques mille soldats de marine !

Et voilà ces forces navales de l'Angleterre, qu'une
bien simple opération d'arithmétique, faite d'après
des données qui se trouvent encore souvent dans cette
orgueilleuse liste de la marine (qu'on ne vendait
qu'un schelling (25) pour en multiplier la circulation,) réduisait à moins de moitié effective, puisqu'il
est prouvé que le parlement n'accordait pas la moitié
du nombre d'hommes nécessaires pour en composer
le personnel !

« Vos forces maritimes égalent celles de tous les
» souverains du monde réunis ! »

Mais en admettant que l'Angleterre eût eu ces *onze
cent trente et quelques* bâtimens en état de servir à la
mer, et que pour les y envoyer armés, elle eût
ajouté à ces cent trente mille hommes qu'elle accordait pour le personnel de son armée navale, les cent
soixante mille autres qui lui seraient devenus nécessaires, et que n'aurait pu lui fournir *l'épuisement
absolu* des marins de son immense commerce maritime, puisque ceux-ci ne se montaient qu'à cent.
cinquante mille (26) ; ces bâtimens alors et ainsi armés, n'auraient pu prendre et tenir la mer qu'avec
des *approvisionnemens* immenses, et continuellement
remplacés de munitions navales et de guerre.

Or, l'Angleterre était loin d'avoir les moyens de
satisfaire à ce besoin continuel d'approvisionnemens,
puisque pendant l'an 1808, malgré qu'elle n'ait jamais eu plus de la moitié de ces prétendues forces maritimes en activité de service, la fermeture qui lui fut,
en partie faite *d'une partie* des ports de la Baltique et
de l'Amérique, avait épuisé les principaux approvisionnemens de marine qu'elle tire de ces pays, au
point que non-seulement les magasins de sa marine
militaire et ceux de son marché général étaient *absolument à sec* de bois blancs et de merreins, mais encore
que ces mêmes magasins commençaient à être tellement épuisés de *chanvre*, qu'au commencement
de 1808, il ne s'y vendait qu'à raison de 72 à 75 fr.,

et qu'à la même époque de l'année suivante, il était déjà monté de 140 à 150 fr. le quintal (27).

Il y a même plus : c'est que la disette en menaçait à tel point, que le gouvernement et la Compagnie des Indes, qui ne pouvaient plus s'en procurer du commun, avaient été déjà réduits à l'expédient d'*en faire venir*, et en ont reçu, *des cargaisons de l'Inde*; malgré qu'il ait été accordé des primes énormes pour en encourager l'agriculture en Irlande, et malgré qu'il ait été fait des propositions et des essais, communiqués à la société royale d'agriculture à Londres, pour substituer *du fil de laine* au chanvre dans les besoins autres que ceux du cordage et des toiles à voiles (28).

Et s'il fallait une nouvelle preuve d'une autre disette aussi importante et aussi réelle en Angleterre, des moyens matériels pour sa marine, on la trouve *positive* dans le discours du capitaine de vaisseau baron et chevalier *Cochrane*, le 17 avril de cette année 1810, aux électeurs réunis de *Westminster*, auxquels il adressait ces paroles remarquables :

« On répète sans cesse qu'au moyen de la supé-
» riorité de ses forces maritimes, l'Angleterre n'a
» rien à craindre des attaques de l'ennemi : quant à
» moi, je déclare devant Dieu (by God), que je n'ai
» point cette opinion : je suis bien informé que nos
» arsenaux manquent aujourd'hui *des bois nécessaires,*
» *même pour les réparations d'entretien journalier de*
» *nos vaisseaux;* et je suis aussi formellement informé,
» que non-seulement il n'y a pas dans l'arsenal de

» *Plymouth*, de quoi construire la moitié d'un vais-
» seau de 74, mais même *qu'il n'y a pas pour six*
» *semaines de cet approvisionnement* » (29).

Tous les journalistes répétèrent cette assertion, qu'à
cette époque, ni dans aucun temps ultérieur, aucun
d'eux n'a réfutée ; mais qui, au contraire, s'est
trouvée confirmée par l'ordre qui fut donné dans cet
arsenal de Plymouth, au mois de juillet suivant,
« de démolir une douzaine de vieux vaisseaux, an-
ciennes prises sur les ennemis, « *pour* » disait le jour-
» naliste qui l'annonçait (30), *fournir du bois pré-*
» *cieux dans cet arsenal, où il manque du service!* »

Et voilà ces forces maritimes de l'Angleterre, que
quelques mois d'interruption de commerce avec des
puissances qu'*elle affecte de dédaigner*, peuvent
promptement réduire à la plus complète inactivité !

« Vos forces maritimes égalent celles de tous les
» souverains du monde réunis ! »

Mais en admettant que l'Angleterre eût eu ces
onze cent trente et quelques bâtimens en état de servir à la mer ; qu'ils eussent pu y être envoyés armés
au personnel ; et qu'en paix, ou en amitié, avec les
puissances du territoire desquelles elle tire quelques-
uns de ses principaux approvisionnemens de marine,
elle eût pu se les procurer, il aurait fallu *solder* ainsi
que *nourrir* les équipages de ces bâtimens, et il aurait
aussi fallu *payer* leurs autres approvisionnemens d'armement et d'équipement.

Or, puisque l'Angleterre, quand elle ne tenait armés
que moins de la moitié de ses bâtimens, et n'em-

ployait, pour leur persónuel que 130 mille marins, dé-
pensait 260 millions de francs pour cette seule branche
des dépenses de sa marine ; lorsqu'elle aurait voulu
tenir armés la totalité de ses bâtimens, et leur fournir
le complet de leurs équipages, il aurait fallu qu'elle
ajoutât à cette dépense, celle proportionnelle de 300
millions ; et si on réunit cette nouvelle somme à la
dépense totale de sa marine, qui, depuis un certain
temps, coûte année commune au-delà de 450 millions (31), il lui aurait donc fallu affecter à cette
seule branche de son service public plus de 700 *millions*, c'est-à-dire plus que la France ne dépense
pour tous ses services !

Et voilà ces puissantes forces maritimes de l'Angleterre, qui, pendant quelques années tenues sur
pied, précipitaient inévitablement l'Etat dans une
ruine dont il ne se releverait jamais !

« Vous êtes les souverains des mers ! les Anglais !...
« vos forces maritimes égalent celles de tous les sou-
» verains du monde réunis ! l'Angleterre !

Quelle erreur ! quelle profonde erreur !.... Je crois
l'avoir démontrée.... Examinons maintenant, pour en
prouver le danger, quelques-unes des suites qu'elle
a pu avoir sur la négociation de 1806, et pour cet
effet qu'il me soit permis de reprendre tout ce passage au commencement de la lettre suivante.

LETTRE TROISIÈME.

« Nos intérêts sont conciliables, parce qu'ils sont
» dictincts; vous êtes les souverains des mers ; vos
» forces maritimes égalent celles de tous les souve-
» rains du monde réunis; nous sommes une grande
» puissance continentale, etc., etc., » disait le négociateur français.

D'abord, on pourrait demander *pourquoi* nous ne
nous reconnaissions pas aussi hautement *une grande
puissance maritime*? Car la France a des ports, des
hommes, des forêts, des mines, des champs bien culti-
vés, tous moyens de satisfaire aux premiers et conti-
nuels besoins matériels d'une armée navale, et enfin
beaucoup d'argent! Or, l'Angleterre qu'on considère
comme la grande puissance maritime par excel-
lence, ne possède certainement pas, ainsi qu'on vient
de le voir, autant de ces moyens d'avoir une marine;... mais telle n'a cessé d'être, jusqu'à ce jour, la
destinée de celle de France, que son gouvernement
a toujours cru ne pas devoir prétendre en avoir
une.... Ainsi passons.

S'il exista jamais quelque circonstance où il fût
convenable, et même nécessaire, de déguiser sa propre
faiblesse, et sur-tout de ne pas méconnaître sa propre
force, en même temps qu'il était dangereux de re-

connaître, dans son ennemi, une supériorité trop marquée, sur-tout aussi puisqu'il ne la possédait pas, n'était-ce pas la circonstance d'une négociation, qui, comme celle de 1806, concernait le bonheur non-seulement des deux grands Etats qui négociaient, mais même de tous les peuples de l'Europe et d'une grande partie de ceux des deux continens d'Amérique et d'Asie?

N'en était-ce pas encore, bien plus indubitablement, la circonstance, pour une négociation entre deux grandes puissauces, dont aucune d'elles, quelque disposée que pour l'humanité elle pût être à faire des sacrifices pour en obtenir le résultat qui l'avait fait entamer, ne pouvait néanmoins l'être à en faire de déshonorans, que conduisait infailliblement à exiger d'elle la disposition qu'elle montrait à avouer si facilement sa faiblesse, et à reconnaître si ouvertement la supériorité de la puissance avec laquelle elle négociait ?

N'en était-ce pas, enfin, la circonstance impérieuse, lorsqu'un pareil aveu était à faire à l'avantage d'une nation comme les Anglais, dont l'orgueil, déjà soutenu sur un caractère national ne pouvait manquer d'être encore exalté, dès que sa rivale avouait reconnaître leur supériorité, et ne pouvait en conséquence manquer de les conduire à des prétentions aussi exagérées qu'inadmissibles ?

Et cependant, c'est dans une pareille circonstance qu'a été commise cette erreur en politique, qui certainement ne pouvait avoir sa source que

dans les *notions fausses et erronées* qui y étaient relatives!

« Nous sommes les souverains des mers, nos
» forces maritimes égalent celles de tous les souve-
» rains du monde réunis. »....

Et c'est la France qui le publie, se sont dit les Anglais!... Et c'est la France, la seule nation qui puisse,
pour le moins, nous rivaliser, qui le reconnaît hautement!... Quant à nous, nous avons de bonnes raisons
pour ne pas encore le croire; mais aussi nous n'en
manquons pas pour désirer qu'on le croie:

Ainsi donc, profitons de cette erreur de la France,
qui bientôt sera celle de tout le continent.... Entrete-
nons cet État dans cette illusion.... Chargeons-nous
d'épaissir et d'attacher le bandeau qu'il s'est lui-
même placé sur les yeux, et serrons ce bandeau
si fortement, que quand, par hasard et malgré nous,
il viendrait à tomber, sa vue soit tellement fatiguée,
que la lumière qu'il recevrait ainsi subitement lui
devienne encore plus pénible que l'obscurité d'où il
sortirait, et où il serait alors empressé de retour-
ner (32).

Tel est le premier sentiment qu'a dû produire
chez les Anglais cette malheureuse erreur en marine sur laquelle je me suis déjà tant appesanti : et
dès-lors, cette rupture de la négociation qui n'a pas
tardé à s'ensuivre, et cette continuité, ou plutôt
cet acharnement à susciter les coalitions qui depuis
cette époque ont été fomentées contre la France,

ainsi que cette obstination à ne pas vouloir de nouveau négocier.

« *Si une fois les Français se trompent au point de*
» *nous croire les souverains des mers,* » ont dit les Anglais, quelle est la puissance maritime qui, après
eux, osera en douter ? Il nous est donc important
que la France ne revienne point de son erreur.

« *Si les Français se font illusion sur nos forces*
» *maritimes,* » ont ensuite dit les Anglais, *jusqu'à*
» *reconnaître qu'elles égalent celles de tous les souve-*
» *rains du monde réunis,* » quelle est la nation qui osera
faire sortir ses vaisseaux pour combattre contre les
nôtres, c'est-à-dire contre des forces aussi supérieures
ou au moins aussi hautement reconnues telles ? Il
nous est donc avantageux que la France persiste
dans cette illusion.

« *Si les Français,* » ont enfin ajouté les Anglais,
» *s'aveuglent jusqu'à publier eux - mêmes que nous*
» *sommes les souverains des mers, et que nos forces ma-*
» *ritimes égalent celles de tous les souverains du monde*
» *réunis,* » quel est le peuple qui, après cet aveu des
Français, prétendra faire du commerce dans nos
domaines, et qui entreprendra de faire l'onéreuse
dépense d'*une marine militaire,* autrement dite d'une
armée navale, qu'avec de semblables forces nous
aurions bientôt détruite ? et dès que cette souveraineté ne nous sera plus contestée, quelle sera la
puissance mari-commerciale qui pourra se refuser
à nous en payer le tribut (33), c'est-à-dire qui osera
se refuser à se soumettre à *tels réglemens* et nous

payer tels droits que nous jugerons convenables ,
soit que nous exigions la soumission aux premiers,
à titre de respect envers cette souveraineté ; soit que
nous forcions à l'acquittement des seconds , pour
satisfaire aux dépenses qu'il nous faudrait faire pour
maintenir l'exercice de cette souveraineté des mers ,
ou pour en conserver la dignité (34) ? Il nous est
donc essentiel que la France ne reconnaisse point
son aveuglement.

Or , le meilleur et le plus sûr moyen de l'en empêcher , c'est , premièrement, de susciter au chef de
son gouvernement des guerres continentales , que,
nous n'avons pas à en douter, il voudra diriger lui-
même ; parce que par-là nous le priverons de porter sur sa marine cette *attention* et cette *surveillance*
que nous connaissons être ce *principe moral d'existence d'une marine*, dont nous savons qu'une armée
navale a un si grand besoin ; et parce que dès-lors
cette armée ne pourra être livrée qu'à de nouveaux
désastres , et éprouver encore des pertes aussi considérables que celles que nous lui avons occasionnées
dans les guerres de 1744 et de 1755 (35).

C'est , secondement , de fomenter des coalitions
autour de cet État et contre son chef , parce que,
dans la nécessité de faire face aux dépenses de
deux armées considérables , il est probable , il
est raisonnable que celles de l'armée dont les succès
sont plus assurés , et sur - tout plus immédiats ,
seront faites de préférence et au détriment même de
armée qui ne présente point les mêmes

chances de succès, et dont les effets de la guerre qu'elle est destinée à faire sont plus éloignés; et dès-lors sa marine sera négligée; elle restera inactive; elle sera essentiellement privée de son principe moral d'existence; et, enfin, elle achevera de compléter une ruine dont il lui sera difficile de se relever, même dans le cours d'un grand nombre d'années suivantes (36).

« *Nos intérêts sont conciliables, parce qu'ils sont* » *distincts,* » disait le négociateur Français aux Anglais: mais en quoi consistait donc cette distinction d'intérêts nationaux ? Prétendions - nous que les Anglais s'emparassent de la *domination* des mers, et nous de la *domination* du continent? ou bien prétendions-nous ne vouloir nous emparer que du *commerce par terre* du continent, en en laissant le *commerce par mer* aux Anglais ? car voilà, ce me semble, les deux principales distinctions entre des intérêts nationaux qui pouvaient être conciliables par l'effet de leur distinction.

Eh bien! soit.... ont dit les Anglais... Mais, pour cet effet, il faut, ont-ils ajouté, que nous vous suscitions des ennemis, pour que nous restions nous-mêmes en guerre l'un contre l'autre, afin d'y entretenir les puissances continentales qui voudraient sans doute s'opposer à l'une et à l'autre de ces *dominations*, et qui voudraient aussi participer à l'un et à l'autre de ces *commerces*.

« *Nous sommes les souverains des mers et vous êtes*

3 *

» *une grande puisance continentale !* » nous ont à leur tour répété les Anglais? Eh bien ! prétendez plus, nous ont-ils ajouté? *prétendez à la souveraineté du continent?* » pourvu que vous ne nous troubliez point dans *notre souveraineté des mers*, nous ne nous opposerons point à la vôtre sur le continent, *au moins*, pendant que nous consoliderons nos droits à la nôtre, et que nous nous en affermirons la propriété.

Pour cet effet nous allons vous fomenter des guerres par terre, pendant lesquelles, vous, Français, vous exigerez de vos alliés des hommes pour renforcer votre armée... en même temps que vous obligerez les nôtres, vos ennemis, à en lever chez eux pour former la leur ;... et nous, Anglais, nous fournirons aux uns et aux autres de ces alliés les moyens de satisfaire à leur besoin d'hommes, en leur évitant d'en employer aucun pour leur marine qu'ils n'auront plus d'occasion d'entretenir, ni pour leur commerce maritime que nous nous chargerons de faire pour eux.

De cette manière nous vous entretiendrons des ennemis, parce que, comme les puissances du continent seront forcées, d'après vous-mêmes, de reconnaître que nous sommes les souverains des mers, c'est-à-dire les maîtres du commerce maritime dont elles ont le plus grand besoin, et qu'elles n'auront aucune semblable raison pour reconnaître que vous êtes les souverains du continent, elles auront toujours plus de dispositions à s'allier avec nous, et nous serions, ou bien maladroits , ou bien malheureux si nous n'en trouvions pas constamment quelqu'une qui, après quelque repos alternatif que vous lui auriez laissé prendre , ne fût de nouveau disposée à rentrer en guerre avec vous , qui, à la fin, serez tellement affaiblis, que vous serez obligés de succomber... et alors des *deux souverainetés prétendues*, il n'y aura que la nôtre de réelle, d'acquise, de consolidée et d'indestructible.

« *Les Anglais sont les souverains des mers , et* » *la France une grande puissance continentale* , » nous faut-il enfin répéter ?... Et qu'importait à l'Angleterre que la France fût ou ne fût pas une grande puissance continentale , si cette puissance avait une fois solidement affermi sa souveraineté sur les mers (37).

La mer est devenue aujourd'hui la source , le lit, l'aliment et l'embouchure du fleuve du commerce ; et il serait indifférent à celui qui serait le maître de ce fleuve , que ce fût chez telle ou telle nation qu'il eût son cours, pourvu qu'il n'y pût être interrompu ni détourné ; pourvu que la jouissance ne lui en fût ni contestée ni inquiétée ; pourvu que la propriété ne lui en fût point violée ; et enfin, pourvu que rien n'y naviguât qu'avec sa permission, *et en lui en payant tribut* ; et en conséquence, il importait fort peu à l'Angleterre que la Hollande et l'Italie fissent ou ne fissent pas partie du territoire français , pourvu que le commerce maritime de tous ces États fût fait par son entremise , ce que promettait de lui faire obtenir la continuation de cette guerre avec la France.

Voilà une partie des résultats qu'ont provoquée ces *notions fausses et erronées*, relativement à la marine , dans la négociation de 1806 , et peut-être la seule cause qui n'a point été approfondie en France , que , du reste de la guerre, l'Angleterre avait constamment été si obstinée à rejeter toute nouvelle proposition d'accommodement ; bien convaincu que son Gouvernement ne pouvait manquer d'être , que quelques années de paix maritime dont la France pourrait jouir, doivent détruire de fond en comble cette base de sa souveraineté des mers , parce qu'elle ne repose que sur des illusions qui doivent promptement se dissiper ; mais bien convaincu aussi que cette souveraineté devait durer , et ne pouvait que s'affermir , tant que la guerre pouvait être prolongée.

Je pourrais continuer mes observations sur quelques autres passages de cette correspondance, qui portent le même caractère de notions aussi fausses et aussi erronées, relativement à la marine, et qui ne peuvent conduire qu'à des résultats aussi désastreux pour notre armée navale, ainsi que pour notre commerce maritime ; mais je m'en abstiendrai par respect pour les personnes auxquelles ce reproche paraîtrait plus particulièrement s'adresser, (38) et à l'égard desquelles je ne me suis permis d'entrer dans cet examen, que parce que j'ai cru qu'il était indispensablement nécessaire et fortement concluant pour la cause de l'état actuel de notre marine, en même temps que je l'ai cru nécessaire et suffisant pour prouver ce que j'ai avancé *de la nécessité d'employer quelque marin auprès des négociateurs Français, lorsqu'ils ont à négocier avec l'Angleterre, et spécialement auprès du négociateur chargé des intérêts de la France au congrès assemblé à Vienne, etc.*

~~~~~~

NOTES.

———

(1) LE système développé dans les lettres dont il est fait ici mention, était basé sur ce qu'on considérait *la marine* comme ne devant être autre chose que *l'ar-mée navale*, c'est-à-dire un *service militaire*; cette ar-mée étant destinée à faire la guerre sur mer, comme *l'armée* dite *de terre*, qu'on a toujours appelée le *ser-vice militaire*, a cette destination sur terre.

(2) Depuis que cet avertissement était rédigé, il en a paru une nouvelle preuve tirée des papiers anglais mêmes, et consignée entre autres dans le journal français, intitulé *Journal Royal*, où l'on trouve ce qui suit :

Mercredi 30 novembre 1814, nouvelles étran-gères; Angleterre. — Londres, 22 novembre.

« On répand les bruits les plus ridicules sur la na-
» ture de la mission du chevalier *Sydney Smith*, au
» congrès de Vienne;.... les uns prétendent qu'il
» doit présenter un projet tendant à anéantir les
» puissances barbaresques;.... d'autres assurent qu'il
» est exclusivement chargé de toutes les négociations
» relatives à l'abolition de la traite des noirs, etc., etc. »

(3) Les craintes qu'on témoigne ici, sont fondées
~~~~~~

sur l'espèce *d'indifférence* (pour me servir d'une expression réservée) qu'on a montrée pour la marine, depuis les changemens heureux qui se sont opérés dans le gouvernement français.

Car n'est-il pas surprenant que, pour un service non-seulement devenu aussi important aujourd'hui, mais dont on a sur-tout si fortement éprouvé l'influence depuis un certain nombre d'années; et en réfléchissant qu'un des premiers ennemis que la France pourra avoir dans l'avenir, sera indubitablement l'Angleterre, n'est-il pas surprenant, dis-je, que pour la direction d'un tel service, on n'ait proposé à S. M. de nommer *aucun* officier militaire de la marine, ni dans la chambre des pairs, ni dans celle des députés, ni dans le conseil d'Etat, ni même dans le ministère de cette force publique si essentielle, pour lequel il serait si évidemment nécessaire d'avoir au moins quelques connaissances pratiques?

Les Anglais, cependant, nous donnent un autre exemple à cet égard : car il y a toujours des officiers militaires de la marine dans la chambre des pairs; il y en a de temps immémorial un certain nombre dans la chambre des communes : il y en a aussi constamment dans le conseil privé : il n'en manque jamais dans le conseil d'amirauté, où ils sont principalement les directeurs du service; ce qui leur y fait souvent donner le nom de *Lords managers* : ce sont toujours des officiers militaires de la marine, qui, avec le titre de *comptrollers, principal officers* and *commissionners*, PRÉSIDENT, sont les prin-

.cipaux ; ainsi que les plus nombreux, des individns employés comme *chefs des bureaux* que nous appelons *ministériels*, pour l'administration centrale de ce service à Londres ;.... enfin ces officiers militaires occupent encore des places dans la maison du roi, dans celle du prince régent et dans celle du prince amiral de la flotte : cómme on ne verrait jamais en Angleterre *un lever* du souverain, sans qu'il s'y fût présenté un certain nombre d'officiers amiraux et de capitaines de vaisseau.

Ne prendrons-nous donc toujours des Anglais que ce qui peut nous préjudicier ; et ne profiterons-nous donc jamais de ce que dans leurs institutions nous pourrions trouver d'utile à nos intérêts !.... O ma patrie !

(4) Ces immenses moyens d'avoir une puissante marine en France, étaient développés dans les lettres sur la *vraie cause* de la différence qui se trouve entre la marine française et celle d'Angleterre.

(5) « De 1793 à 1800 inclusivement, il appert,
» d'après les listes de Loyld à Londres, que 4344
» bâtimens anglais ont été pris par l'ennemi; sur
» lequel nombre il n'en a été repris que 705 : de
» sorte que la perte totale soutenue par l'intérêt mari-
» commercial de l'Angleterre pendant ces huit an-
» nées, a été de 3639 bâtimens. » Extrait du journal anglais, le *Naval Chronicle*, n°. 102.

(6) Il n'est vraisemblablement pas nécessaire de faire remarquer ici qu'entre la *souveraineté des mers* et

la *supériorité sur les mers*, il existe une très-grande différence, qui va d'ailleurs être rendue palpable dans le cours de cette lettre, et de celle qui suit.

(7) L'ouvrage anglais intitulé *Naval Chronology*, par le capitaine de vaisseau Schomberg, présente les deux Etats ci-dessous.

Etat du nombre d'hommes levés, en Angleterre, pour le service de sa marine pendant la guerre de 1755 à 1763 ; du nombre de ceux qui ont été tués dans les combats, ou qui sont morts par suite de blessure ; du nombre de ceux qui sont morts par suite de maladie ; et enfin du nombre de ceux désertés. (Extrait du *Naval Chronology*, vol. 1er., pag. 391.)

Nombre de matelots et sol-dats de marine qui ont été levés. 184,893

Nombre de tués dans les com-bats ou morts des suites de bles-sures . . . . 1,512 ⎫
Nombre de morts par maladie et de désertés . . . . 133,708 ⎭ 135,220

___

Restant sur les rôles d'équipages, d'après le dépouillement fait dans les bureaux de l'administration centrale ou ministère de la marine (*navy office*) 49,693

Dont la totalité, *à seize mille près*, furent congé-diés à la paix.

Etat du nombre d'hommes levés en Angleterre, pour le service de sa marine, pendant une partie de la guerre de 1778; du nombre de ceux qui ont été tués dans les combats, ou qui sont morts des suites de leurs blessures; du nombre de ceux qui sont morts par suite de maladie; et enfin du nombre de ceux qui ont déserté du service; depuis le 1er. janvier 1776 au 31 décembre 1780 inclus. (Extrait du Naval Chronology, vol. 2, p. 43.)

ANNÉES.	NOMBRE d'hommes accordés par le Parlement.	NOMBRE d'hommes ajoutés chaque année.	NOMBRE des tués dans les combats.	NOMBRE des morts par maladie.	TOTAL du nombre des tués et des morts.	DÉSERTÉS.	TOTAL par année du nombre de tués, morts et désertés.
1776	28,000	21,564	105	1,679	1,784	5,321	7,105
1777	45,000	37,458	40	3,247	3,287	7,685	10,972
1778	60,000	41,847	254	4,801	5,055	9,919	14,974
1779	70,000	41,832	551	4,726	5,277	11,541	16,818
1780	85,000	28,210	293	4,092	4,385	7,603	11,988
	288,000	170,911	1243	18,545	19,788	42,069	61,857

(45)

Et dans le même ouvrage, vol. 2, fol. 310, ainsi qu'au *Naval Chronicle*, n°. 21, p. 99, on trouve « qu'une mesure du gouvernement, honnêtement » suggérée, contribua à la sédition qui se déclara » dans l'armée navale en 1797. Le pays *manquant de* » *marins*, on fut obligé de passer en 1795, une loi » qui forçait chaque province (comté) et chaque » port de mer, de fournir pour l'armée navale un » certain nombre d'hommes auxquels on accorda » dans quelques endroits jusqu'à 30 guinées (près » de 800 fr.) d'engagement, et parmi lesquels se » trouvèrent alors des petits marchands en faillite ; » des petits procureurs sans emploi, etc., etc. » Les provinces, au nombre de cinquante-trois, eurent ordre le 5 mai de cette dite année, de fournir neuf mille trois cent soixante-quatre hommes ; et le 16 août suivant, les ports maritimes eurent un semblable ordre pour en fournir vingt mille trois cent cinquante-quatre (il est à remarquer que cette dernière obligation était en sus de la *presse*.)

(8) Pour les moyens en approvisionnemens de marine que peut fournir le territoire de l'Angleterre, voyez les paragraphes qui se trouvent à ce sujet vers la fin de cette lettre ;

Et quant à la *richesse réelle* de ce royaume, voici l'état de *celles fictives* qu'en présentait le chevalier *Philip Francis*, membre du parlement, dans un petit écrit publié en mars 1810, sur l'*abondance du papier*, et la *disette du numéraire* en circulation, dans l'Angleterre.

Dette nationale fondée pour l'Angleterre et l'Irlande. . . . . 20,785,511,952 fr.

    Id. . . . non fondée . . . *id* . .   1,207,674,168

Billets de la banque d'Angle-
terre (papier à peu près forcé.) .   513,766,320

    Id. . . . . Irlande.   73,740,384

Billets ou engagemens de la
compagnie des Indes en circula-
tion   116,879,808

Billets des banques particulières, tant en Angleterre, qu'en
Ecosse et en Irlande (et sans
comprendre tous les billets, trai-
tes, mandats, engagemens, etc.

Courans dans le commerce . . .   2,304,000,000
____

    Total. . . . .   25 milliards passés.
____

Ce qui fait voir qu'à cette époque, *en mars* 1810,
et cela n'a pas diminué depuis, il y avait en Angleterre, en circulation connue de papier, plus de *vingt-
cinq milliards de francs* : c'est-à-dire plus du double
de la valeur de toutes ses propriétés territoriales , *en
richesse imaginaire*, avec laquelle sans doute on peut
réussir à faire beaucoup de mal, tant qu'on peut
soutenir et alimenter ce crédit; mais aussi , qui ,
comme l'observe très-judicieusement M. Philip Francis, peut, du soir au lendemain matin, disparaître de
la somme *des richesses réelles* de ce royaume, que
cette disparution, aussi prompte , ne pourrait manquer d'écraser en un instant... !

(9) « L'empire de la mer ne fut jamais bien as-
» suré à personne ;.... il a été sujet à divers change-
» mens selon l'inconstance de sa nature : les vieux
» titres de cette domination sont *la force* et non *la*
» *raison* : il faut être puissant pour prétendre à cet
» héritage!... » (Testament du cardinal de Riche-
» lieu.)

(10) « Il semble que la nature ait voulu offrir
» l'empire des mers à la France par l'avantageuse
» situation de ses deux côtes également pourvues
» d'excellens ports sur les deux mers océane et mé-
» diterranée.» (Même testament.)

(11) Telle a toujours été, par une fatalité qu'il serait
peut-être difficile de caractériser, la destination de l'armée navale de France, à l'égard de laquelle s'exprimait
déjà ainsi un des historiens de la marine d'Angleterre, relativement à la guerre de 1755. « Ç'a été
» souvent un sujet d'étonnement, que l'amiral fran-
» çais (M. de Lamothe, en 1757), avec une flotte
» aussi supérieure à tous égards à celle de l'amiral an-
» glais (Holborn), n'ait pas poursuivi la flotte an-
» glaise, lorsqu'elle fut obligée de se retirer de devant
» *Louisbourg*, et ne soit pas venue la bloquer dans
» *Halifax* ; mais notre surprise doit cesser, quand
» on considère que les ordres de M. de Lamothe lui
» enjoignaient expressément de protéger Louis-
» bourg...... D'ailleurs c'était une instruction for-
» melle donnée aux divers commandans français,

» d'*éviter autant que possible* d'en venir à un engage-
» ment avec les escadres anglaises, et même avec
» leurs vaisseaux isolés, à moins que la supériorité
» *ne fût assez décidément en leur faveur, pour ne*
» *laisser aucune incertitude sur la victoire* ». Extrait
des Mémoires maritimes et militaires de l'Anglais,
Beatson, vol. 2, f°. 52.

N'est-on pas forcé de reconnaître dans cette rela-
tion anglaise, les instructions, qui, dans tout le cours
de ces deux dernières guerres, n'ont cessé d'être données par le ministère aux commandans des expéditions françaises ? Et ne serait-on pas tenté de croire
que, dans cet office, elles y étaient devenues une for-
malité aussi habituelle que la manière de conclure
une lettre ?

(12) « La nature de la guerre purement défensive
» est décourageante : elle donne à l'ennemi, non-
» seulement le choix du temps et de la place, mais
» encore l'avantage du courage et de l'énergie dans
» l'attaque : il vaudrait mieux hasarder quelque
» chose par une guerre offensive, que *d'abattre les*
» *esprits en les tenant en suspens* ». (Montesquieu,
livre des Lois.)

(13) « Les pertes de la marine française ne doivent
» point surprendre : ses officiers n'ont point eu l'au-
» torité suffisante pour se faire respecter : *Par terre,*
» *une armée indisciplinée peut quelquefois être victo-*

» *rieuse ;* SUR MER, JAMAIS » : Paroles du général Bo-
naparte dans un entretien avec les amiraux et les
capitaines de vaisseaux à Toulon , lors de son expédition pour l'Egypte , et insérées dans le journal
anglais le Naval Chronicle , n.° 88 , aux observations *sur la supériorité de la marine anglaise.*

(14) « En 1748, le capitaine Robert Roddam fut
» expédié pour veiller sur la côte de l'Orient une di-
» vision de frégates françaises, qu'on supposait char-
» gées de troupes pour l'Irlande. Ce capitaine *s'é-*
» *tant assuré* que les forces qu'il avait sous ses
» ordres ne pouvaient faire espérer de succès dans le
» cas d'une affaire générale , donna l'ordre aux ca-
» pitaines qu'il commandait , de se porter prin-
» cipalement sur le convoi, et, s'il était possible,
» d'*éviter l'engagement avec les frégates;* mais de s'ef-
» forcer de démâter et de désemparer les transports,
» parce que de cette manière il était sûr de faire
» avorter le projet de l'ennemi.

» Dès que cet ordre fut donné, un des capitaines
» qui le reçut , et qui était un ami particulier du
» capitaine Roddam , se rendit à bord de celui-ci ,
» pour lui demander *s'il n'y avait pas quelque erreur*
» *dans l'ordre qui enjoignait à des Anglais de ne pas*
» *combattre, parce que ce serait les exposer à être*
» *traités de lâches.* » (Biographie du capitaine
Roddam.)

(15) On n'en citera que quelques-uns des nom-

4

breux exemples les plus récens et de la dernière guerre :

D'abord, celui de l'amiral Nelson, au commencement de l'an 1805, qui, étant en croisière dans la méditerranée, et ayant appris que l'escadre de Toulon était partie, sans savoir où elle pouvait être allée, ainsi que sans en recevoir d'ordres de son gouvernement, courut jusque dans les Antilles, d'où il revint, toujours en poursuivant de très-près, sans cependant en être ni assuré ni même informé, l'escadre française.

Secondement, celui de l'amiral Duckworth, au commencement de 1806, qui, en croisière devant Cadix, où etait mouillée une escadre française et espagnole, et sous les ordres particuliers de l'amiral Collingwood, qui se trouvait en dedans de la méditerranée, venant d'être informé qu'une division française (aux ordres du contre-amiral Lallemand), avait été vue dans les parages des *îles Canaries*, quitta sans ordre sa station et son amiral, sans avoir même le temps d'en prévenir celui-ci, pour courir après cette division qu'il ne trouva point au lieu indiqué.... En faisant route pour revenir à sa station, il eut connaissance de la division du contre-amiral Willaumez, auquel il donna une chasse aussi infructueuse, qui le conduisit jusqu'aux îles du *Cap Verd*, d'où ayant perdu les traces de cet officier français, et le supposant avoir fait route pour les

Antilles, il se détermina à l'y venir chercher....
Ne l'y ayant point encore trouvé, et se disposant, à
la Barbade, à faire son retour en Europe, il eut le
bonheur pour lui, la veille de son départ, d'être
informé qu'une division française (commandée par
le contre-amiral Leissegues,) avait été vue dans les
Antilles sous le vent.... Alors, au lieu d'effectuer son
retour, toujours sans ordres, et se trouvant même
dans l'étendue du commandement d'un officier amiral qui étoit son cadet, il s'en fait accompagner, et
suivre des forces que celui-ci avait sous ses ordres
pour cette station, et se permet d'aller dans l'étendue du commandement d'un troisième officier (son
cadet d'un seul rang), où il livra le 10 février, devant Santo-Domingo, un combat, trop malheureux
sans doute pour les Français, mais dont on ne peut
disconvenir que le résultat ne pouvait manquer
d'appartenir à une escadre, qui, dans cette circonstance, ajouta à la supériorité du nombre celle
encore plus conséquente du sentiment assuré d'une
victoire sur un ennemi après lequel on venait ainsi
de courir, et qui, dès qu'on en eut connaissance,
commença au contraire, et conformément à ses
intentions, par chercher à fuir.

Troisièmement, celui de ce même amiral Duckworth, qui de nouveau, quelques années après, ne *commandant encore qu'en second* la croisière de la Manche,
ayant été mal informé du départ de l'escadre fran-

çaise alors mouillée sur la rade de Brest, et qui n'en appareilla pas pour cette fois, en envoya avertir son amiral en chef, alors en Angleterre, et, sans attendre d'ordres de l'amirauté, courut encore jusqu'aux Antilles, d'où il revint en moins de trois mois, sans avoir rien rencontré ; et ayant été néanmoins forcé, pour faire cette course infructueuse, de réduire ses équipages à plus de moitié dans leur ration journalière, ce dont on se plaignit contre l'amirauté dans le parlement.

Voilà sans doute la manière de faire la guerre par mer, et c'est celle que font avec tant de succès les Américains qui, ne l'ayant cependant commencée qu'avec trois ou quatre frégates et un pareil nombre de corvettes toutes *construites en bois de sap*, provoquent dans le parlement anglais de si fortes représentations, et même de si amers reproches contre la marine anglaise, et plus particulièrement contre les messures adoptées par l'amirauté. (On peut voir avec intérêt, sur ce sujet, le dernier numéro du 10 ce mois du journal anglais, le *Weckly Register*.)

. (16) Le Code pénal actuel de la marine anglaise qui a été établi en 1688, sous le règne du roi *Charles II*, par son frère, alors grand amiral d'Angleterre, et depuis roi sous le nom de *Jacques II*, n'a subi d'altération, depuis cette époque, que dans *deux* articles : l'un, provoqué par la condamnation à mort, contre l'opinion des juges sur cette peine, de l'amiral Byng ; et le second, lors du jugement de l'amiral Keppel, pour autoriser son conseil de guerre à s'assembler à terre chez le commandant du port , au lieu d'être tenu en rade à bord du vaisseau amiral... Il est vrai aussi que ce Code pénal, réduit à un très-petit nombre d'articles, finit par celui-ci. « Tous autres crimes non capitaux commis dans » l'armée navale, et qui ne sont point spécifiés dans » le présent Code ou pour lesquels il n'est point par- » ticulièrement prescrit de peine, seront punis con- » formément aux lois et *aux usages dans de pareils* » *cas à la mer ;* » et l'on sait quels sont ces usages. (Tout ceci est indiqué dans les traités sur les cours martiales anglaises, par *de la Fond*, et par *M. Arthur.*)

(17) Montesquieu , livre des lois.

« (18) On a remarqué, dans le cours des discus- » sions (qui ont eu lieu pendant que le parlement » était dernièrement assemblé), que quoique nos bâ- » timens de guerre fussent tout-à-fait suffisamment » fournis des moyens de combattre un ennemi *or-* » *dinaire,* ils eussent dû être équipés avec des moyens » *extraordinaires* pour combattre un *ennemi tel que les* » *Américains!....* Mais, supposons que l'amirauté » n'ait point expédié nos bâtimens munis de ces » moyens extraordinaires, doit-on l'en blâmer pour » cela ? y avait il un individu dans le pays qui ne

» *méprisât* pas la marine américaine? y avait-il un
» écrivain public (en m'en exceptant) qui n'eût pas
» d'avance condamné cette marine à être détruite en
» *moins d'un mois?* Tous les partis ne se réunirent-ils
» pas pour goûter avec un plaisir excessif cette des-
» cription qu'on fit dans une assemblée très-auguste
» *d'une demi-douzaine de frégates construites en bois de*
» *sap, et portant un lambeau de vieilles voiles en tête de*
» *mât.* (*With a bit of stripped bunting at their masts*
» *heads.*)

» Notre frégate, la *Guerrière*, ne parada-t elle pas
» devant les côtes d'Amérique avec *son nom* écrit en
» grosses lettres sur son pavillon pour défier ces fré-
» gates de bois de sap? La nation entière, lors de la
» prise de notre corvette *le petit Belt*, ne s'en consola-
» t elle pas en s'écriant à l'unanimité *que Roger ose*
» *seulement venir à portée d'une de nos frégates?....* Si
» donc elle était l'opinion de toute la nation, de
» tout le monde, de tous les partis, avec quelle jus-
» tice pourrait-on blâmer l'amirauté de n'avoir pas
» pensé autrement? de n'avoir pas armé nos bâti-
» mens avec des moyens de combattre un espèce ex-
» traordinaire d'ennemi? de n'avoir pas favorisé nos
» frégates du privilége de fuir devant une de ces ma-
» chines bâties en sap avec un lambeau de vieille
» voile à tête de mât.

» Ça toujours été un des malheurs de l'Angleterre,
» que ses chefs et son peuple aient parlé et pensé *avec*

» *dédain* des Américains.... Je ne connais cependant
» aucuns individus qui aient autant de raisons de se
» repentir de ce dédain que les officiers de la ma-
» rine de S. M.... S'ils eussent été victorieux, ce
» n'eût été que sur une demi-douzaine de frégates
» construites en sap, et portant, en tête de mât, des
» lambeaux de vieille voile, et certainement ils ne
» pouvaient gagner aucune réputation dans cette
» lutte ;.... mais s'ils étaient battus, que devenait
» leur lot ?.... Ce qu'il y a de pis, c'est que ce sont
» ces officiers eux-mêmes qui ont en quelque sorte
» contribué à leur propre mésaventure : car, de tous
» les individus vivans, aucuns n'avaient parlé avec
» autant de mépris du *pauvre Jonathan.* À lire leurs
» lettres, ou bien les lettres que les gazettes préten-
» daient avoir reçues de ces officiers, au commence-
» ment de la guerre, on eût cru qu'ils auraient à
» peine condescendu à riposter un boulet venant de
» semblables bâtimens de bois de sap.... et aujour-
» d'hui ce *lambeau de vieilles voiles flotte si souvent*
» *au-dessus du pavillon anglais!* oh! c'est une chose
» dégoûtante au-delà de toute expression! on ne
» peut s'imaginer dans l'intérieur du pays com-
» ment cela se fait!

» C'est à cette mortification, monseigneur, que
» vous devez attribuer les attaques que les papiers
» publics ne cessent de diriger contre le ministère de
» la marine, qui, en vérité, me paraît avoir plus
» fait en Canada qu'on ne devait s'y attendre de

» ceux qui en sont chargés.... Vous voyez que l'op-
» position est soutenue de tout le pays, qui vous
» blâme, qui blâme le chevalier Georges Prevost,
« qui blâme nos bâtimens, notre poudre, nos ca-
» nons, nos batteries; qui blâme tout le monde et
» toutes choses, qui blâme et maudit tout l'Univers,
» parce qu'on ne veut pas avouer que ces Améri-
» cains sont, homme pour homme, canon pour ca-
» non, *nos maîtres sur mer*, etc., etc. » (Extrait
d'une lettre adressée au comte de Liverpool, au sujet
de la guerre avec les Américains, dans un journal
anglais du 10 de ce mois.)

(19) Cette liste de la marine d'Angleterre est néanmoins ordinairement assez exacte, quant aux desti-
nations extérieures des vaisseaux anglais ; et je suis
quelquefois surpris qu'au ministère de la marine en
France, on n'en tire pas, en général, un meilleur
parti : car, indépendamment de ce que très-souvent
elle donne des renseignemens fort justes sur la destination, et sur l'état matériel des forces des expéditions
extraordinaires auxquelles la marine anglaise se
trouve employée, elle fait toujours très-régulièrement
connaître l'état de ces forces navales qui composent
les stations et les croisières, tant en Europe que dans
les établissemens des deux Indes; ce qui, quelquefois, ne devrait pas être indifférent à connaître.

De plus, cette liste présente aussi l'état de tout le
personnel des officiers de l'armée navale d'Angle-

terre ; et il ne faut pas douter que si , dans le même ministère de la marine de France, on en eût tenu meilleure note , on eût asssez récemment épargné à S. M. de rendre et de signer une ordonnance, que les éclaircissemens qu'on va présenter forcent de croire avoir en quelque sorte été surprise à ses intentions paternelles.

En effet, lorsqu'on voit par cette liste, pour le mois de juillet dernier, qu'en Angleterre, dans le mois de juin précédent, on venait de créer *trente-deux* officiers amiraux , à ajouter à *cent quatre-vingt-seize* déjà existans sur cette liste , ce qui porte le nombre des officiers généraux pour le service *actif* de la marine anglaise à *deux cent vingt-huit!* Comment a-t-on pu proposer au Roi de France de ne porter cette même classe d'officiers, pour *tous* les services de sa marine, qu'au *petit* nombre de *trente ?....* (Il èst en outre à observer qu'indépendamment de ces trente-deux officiers généraux qu'on venait de créer, on venait encore d'en créer *dix* autres en retraite, à ajouter à *vingt-sept* déjà dans cette classe , où ils jouissent d'à-peu-près dix mille francs par an.)

Lorsqu'ensuite on voit par cette liste , pour ce même mois de juillet, qu'en Angleterre, dans le mois de juin précédent, on venait de créer *quatre-vingt-ix* capitaines de vaisseaux., à ajouter à *sept cent quarante-deux* déjà existans sur cette liste, ce qui la fait monter à *huit cent vingt-huit* capitaines de vais-

seaux pour le service *actif* de la marine anglaise !
Comment a-t-on pu proposer au Roi de France, dans
ce même mois de juillet, de ne porter, pour *tous* les
services de sa marine, cette classe d'officiers qu'au
nombre de *cent*, qu'on n'a même guère complété
qu'aux trois quarts, d'après la liste que le ministère
en a fait connaître dans les ports au mois d'août
dernier. (Il est encore en outre à observer que cette
même liste anglaise présente de plus *quarante* capitaines de vaisseaux en retraite, jouissant d'un peu
plus de cinq mille francs par an.)

Lorsqu'en troisième lieu on voit, par cette liste du
mois de juillet, qu'en Angleterre, dans le mois de
juin précédent, on venait de créer *quatre-vingt-dix-
sept* officiers du rang de nos capitaines de frégate
(commanders) à ajouter à *cinq cent trente-neuf* existans déjà sur cette liste, ce qui l'a fait monter à *six cent
trente-six* pour le service *actif* de la marine anglaise !
comment a-t-on pu proposer au Roi de France, dans
ce même mois de juillet, de ne conserver pour sa
marine que *cent* officiers de ce grade ? (Il est encore
à observer qu'en sus de ces six cent trente-six, il y
en a quatre-vingts sur la liste de retraite, qui les fait
jouir de 2800 francs.)

Lorsqu'enfin on voit, par cette même liste, pou
le 1er. du mois de juillet dernier, qu'au moyen de
la promotion qu'on venait de faire, et qui n'état
pas encore complétée d'après les listes qui ont par

depuis, celle de la marine anglaise présentait *trois mille deux cent trente lieutenans* de vaisseaux, et *cinq cent quatre-vingt-sept masters* (officiers entretenus passant immédiatement après les lieutenans de vaisseaux, dont ils ont le rang, et des appointemens plus forts, et avant les sous-lieutenans qui, dans ce service, ne sont qu'auxiliaires;) ce qui porte ces deux grades d'officiers pour le service ensemble à *trois mille huit cent dix-sept!* comment a-t-on pu proposer dans le même mois de juillet, au Roi de France, de ne conserver pour *tous* les services de sa marine que *quatre cents* lieutenans et *cinq cents* enseignes; en tout *neuf cents* officiers de ces deux grades? (Ici on doit observer qu'il n'y a point en Angleterre de lieutenans proprement dits en retraite, parce que dans ce pays, on juge que les appointemens de terre de leur grade ne sont point trop forts pour des officiers qui, à la vérité, ne sont peut-être plus pour être employés, mais qui ont passé une partie de leur vie au service de leur pays.)

Telle est cependant la comparaison que cette liste de la marine anglaise, qui se publie tous les mois, et qui ne se vend que 36 s., met à même de faire entre la marine française et la marine anglaise, quant à leur personnel : comparaison par laquelle on voit que cette dernière a, en *officiers généraux* seulement, le nombre que la première a *d'officiers généraux*, de *capitaines de vaisseaux* et de *capitaines de frégates!*.... Que cette dernière a en *officiers supérieurs* seulement, presque *un quart de plus* que la première n'a d'*officiers de tous grades!*... Que cette dernière, enfin, porte sa marine à un nombre excédant de *quatre mille* officiers !... Celui de la première, qui, soit encore ici remarqué en passant, présente une semblable disproportion dans les officiers de ses troupes de marine!

Mais si ce qui précède ne laisse pas que d'être frappant, et de donner à croire que, sans doute, on n'a pas éclairé S. M. comme on eût dû le faire en cette occasion, avec quel étonnement ne doit-on pas encore plus voir la proposition qu'on a fait adopter au Roi par cette ordonnance du mois de juillet dernier, de *mettre en non-activité*, ce que dans cette circonstance (et par une suite de cette ordonnance, qui porte « que quatre années de cette non-activité vaudront une réforme, » clause qui n'a existé dans la réorganisation qu'on vient de faire d'aucun autre service militaire de la France,) ce que, dis-je, on peut vraiment considérer, et ce qu'on a effectivement considéré comme *disgracier*, dans la marine, environ *cinq cents officiers*, c'est-à-dire juste un tiers de ce qui composait le personnel militaire de l'armée navale, puisque ceux restés en activité, joints au nombre de ceux portés en non-activité, ne forment pas un total de seize cents?

Et cela pour la prétendue réduction des dépenses, pour la prétendue économie à laquelle, par décence, on s'abstient ici de donner un nom, d'un peu moins de 270 *mille francs par an* qu'on eût tout au plus atteint (car on ne l'a pas faite), en se conformant au texte de cette ordonnance, qui prescrivait de prendre *dans la marine actuelle, au mois de juillet*, trente officiers généraux, cent capitaines de vaisseaux, cent capitaines de frégates, quatre cents lieutenans, cinq cents enseignes, et de porter en non activité le surplus des officiers qui se trouvaient dans chacun de ces grades.

Combien doit encore augmenter cet étonnement, que doit causer cette proposition adoptée par le Roi, de *non-activité*, lorsqu'on vient à connaître et à considérer que de ce nombre d'à-peu-près cinq cents officiers portés sur cette liste, plus de *deux cents* présentent au-delà de *vingt* années de services effectifs, en même temps qu'ils sont chefs de famille !

Non, on ne peut en douter !.....Il y a eu pour le moins erreur quelque part !.... La décision du Roi a été mal éclairée !... et j'ose croire, en publiant cette note, j'ose croire donner à S. M. un témoignage de fidélité et de dévouement plus sincères, qu'il ne semble en avoir reçu de ceux qui lui ont fait adopter cette mesure, ainsi que de ceux qui ont été chargés d'exécuter cette ordonnance, contre laquelle non-seulement il paraîtrait qu'il eût été de leur devoir, et même de leur intérêt propre par celui qu'ils doivent à leur corps, de faire ces présentes représentations, mais dont ils ont encore au contraire augmenté le mal par les transgressions qu'ils y ont faites, ou au moins qu'ils y ont laissé faire.

D'abord à l'article 1er., titre 1er., portant que : « S. M. s'étant fait rendre compte de la si-
» TUATION ACTUELLE DE LA MARINE (*au* 1.er *juillet*);
» ayant reconnu que, pendant la longue guerre qui
» venait d'être terminée, le nombre des officiers
» s'était successivement accru par diverses causes
» qu'il serait pénible de rappeler (1), et notamment
» par la nécessité de remplacer les prisonniers de
» guerre que le défaut d'échange avait indéfiniment
» enlevés au service.... que l'état de paix qui, par
» de si heureuses circonstances, a mis fin aux mal-
» heurs de la France, et que tous ses efforts ten-
» dront constamment à maintenir, comporte de
» nombreuses réductions dans les armemens mili-

---

(1) La vraie cause était, que tant dans les ports de l'ancienne France que dans ceux de l'Escaut et d'Outre-Rhin, ainsi que d'Italie, dont nous étions en possession, la marine française comptait déjà près de cent vingt vaisseaux de ligne avec un nombre proportionné de frégates et autres bâtimens légers, et indépendamment encore d'une flotille nombreuse; et que pour *un semblable matériel*, ainsi que pour tous les autres services, à *terre et dans les arsenaux*, d'une marine qui s'étendait alors depuis la côte du Danemarck jusqu'aux confins du territoire alors Français en Italie, le personnel composé d'officiers nationaux, tant de France que de ces pays de l'Escaut, d'Outre-Rhin et d'Italie, ne se montait tout au plus qu'à deux mille, dont il n'est resté qu'environ seize cents Français.

« taires..... que l'EFFECTIF ACTUEL du corps de la
» marine est hors de proportion, non-seulement
» avec les armemens qui doivent être maintenus,
» mais encore avec ceux qui pourraient avoir lieu
» ultérieurement;..... que l'*économie* si nécessaire
» au soulagement de ses peuples lui fait un devoir
» de supprimer *toute dépense* qui n'est pas comman-
» dée ou justifiée par l'intérêt de l'État, etc., etc.,
» *le corps des officiers de la marine sera composé de trente*
» *officiers généraux, cent capitaines de vaisseaux, etc.*»
Et la commission n'ayant fait porter, ou n'ayant
laissé porter pour ce nombre de capitaines que soi-
xante-dix-sept, et ayant fait porter, ou laissé porter
en non activité les quarante-neuf autres, qui fai-
saient monter l'*effectif actuel* de ce grade au 1er. *juillet*,
à cent vingt-six, après les retraites convenables qui
ont été données, et après le licenciement de ceux
redevenus non Français.

Secondement, à l'art. 1er. d'une autre ordon-
donnance du Roi, en date du même jour, faisant
suite à la précédente, et concernant les officiers en
non - activité, lequel article porte : « que les officiers de la marine qui, d'APRÈS LES FIXA-
» TIONS ÉTABLIES POUR CHAQUE
» GRADE, PAR L'ORDONNANCE DE CE
» JOUR, ne pourront être employés, soit à bord
» des bâtimens de guerre, soit dans les ports et arse-
» naux, seront considérés comme étant en non-ac-

« tivité ; » lequel article ainsi conçu, ne laisse cer -
tainement aucun doute sur la manière dont devait
être exécuté l'article précédemment cité, quant à
affecter.toutes les places de la marine conservées par
cet article aux officiers qui composaient le corps
au 1er. juillet, et conséquemment les cent places de
capitaines de vaisseaux à cent officiers ayant alors
ce grade sur les états de la marine.

Troisièmement , à l'art. 8 , titre 3 de la première
de ces ordonnances, lequel article porte « qu'il ne
» sera fait de promotion dans un des grades du
» corps de la marine, que lorsque le nombre des
» officiers dudit grade sera *au-dessous* de celui fixé
» par l'article 1er. de la présente ordonnance , et
» cependant plusieurs officiers qui n'avaient pas en-
» core ce grade de capitaine de vaisseau , ayant été
» portés comme tels sur la liste d'activité , au détri-
» ment des quarante-neuf qui devaient être comptés
» auparavant que cette liste fût réduite au-dessous
» de ce nombre de cent. »

Enfin, au paragraphe 4 , article 10 du même
titre 3 , qui porte « que les capitaines de vaisseaux
» seront pris parmi les capitaines de frégates, *un tiers*
» au choix du Roi, et les *deux autres tiers* à l'an-
» cienneté ; » et cependant de ces divers capitaines
de frégates qu'on vient de faire connaître avoir été

dernièrement promus au grade de capitaines de vaisseau ; le premier et le plus ancien n'était que le *qua-*
rantième sur la liste des capitaines de frégates, dont
aucun de ces quarante plus anciens n'a été promu ,
malgré que , d'après cet article de l'ordonnance , et
d'après le nombre des officiers avancés en cette circonstance, au moins huit de ces plus anciens eussent
dû avoir part à cette promotion , qui a atteint au-
delà du quatre-vingtième officier de ceux restés en
activité.

(20) J'invite de nouveau les lecteurs à ne pas
perdre de vue que ces lettres étaient originairement
écrites en l'an 1810 , et qu'ainsi que je l'ai annoncé
dans l'avertissement , je les présente telles , sauf de
bien légères altérations , qu'aisément on peut sentir
être nécessitées par le temps qui s'est écoulé depuis.

(21) « Les bâtimens en caractères *italiques* sont
» des prises ainsi désignées : F, Français ; S , Espa-
» gnol (Spanish) ; B , Batave ou Hollandais; D ,
» Danois ; I , Italien ; R , Russe ; T , Turc.... »
(Explication des abréviations ainsi données en tête
de cette liste de la marine anglaise.)

(22) La gazette anglaise, le *Morning Chronicle* ,
du 23 février 1809 , faisait, pour cette époque, la
même analyse que je viens de faire de ces forces,
à l'exception que cette Gazette ne portait dans la

seconde classe que j'ai faite des vaisseaux de ligne, que ceux qui avaient plus de *trente ans* d'*âge*, et que je les y porte après *vingt quatre*. Or, je crois être d'autant mieux fondé dans cette considération, qu'il **a** été consigné dans le Naval Chronicle, et dans quelques brochures anglaises, que, d'après une déclaration remise à l'amirauté, sur l'examen fait de la durée d'un grand nombre de vaisseaux de guerre, il avait été constaté que la *durée moyenn* d'un vaisseau, avant de nécessiter des radoubs conséquens, avait été pour ceux construits dans les arsenaux du Roi, d'*à-peu près onze ans*, et pour ceux construits dans les chantiers particuliers, *en raison de ce qu'ils ne restent pas aussi long-temps en construction, de tout au plus dix ans.*

Et certes, en plus que doublant ce temps pour leur durée, au moyen de grands radoubs et de refontes, c'est, sans doute, leur en accorder un *nec plus ultrà*, auquel bien peu de ces vaisseaux pourraient atteindre, pour être en état d'aller à la mer.

(23) Tout ceci est formellement consigné dans diverses brochures anglaises publiées vers cette époque sur le sujet de la marine; mais plus expressément dans un petit écrit en forme de lettre, qui fut adressée vers le commencement de cette année 1810, au vicomte Melville, en sa qualité d'un des ex-présidens de l'amirauté, relativement à la motion qu'il venait de présenter dans la chambre des pairs, concernant l'éta-

blissement qu'il proposait qu'on fît des bâtimens de guerre, pour seulement servir au transport des des troupes (*troops ships*) dans les expéditions, et « pour sauver » selon ses expressions « une partie de » l'énorme dépense occasionnée par les affrétemens » des navires du commerce, dont la plus grande » partie avait été prise sur le pied de 25 schillings » (3o francs), par tonneau par chaque mois de » vingt-huit jours » (c'est-à-dire, que l'affrétement d'un bâtiment de trois cents tonneaux revenait, au bout de l'année, à environ 120,000 fr.!)

(24) Ces prix des constructions navales en Angleterre, des contrats passés, à cet égard, avec des particuliers, ainsi que celui de l'armement général des vaisseaux en 1789, sont consignés très-en détail dans divers ouvrages anglais de marine; mais plus particulièrement dans celui intitulé *Mémoires de Derrick*, un des employés civils pendant plus de trente ans dans l'administration centrale de la marine d'Angleterre.

(25) Cette liste se vend maitenant un sehilling et demi, en raison de l'augmention du prix du papier.

(26) Cet état des marins de l'Angleterre employés à son commerce maritime, et porté ici à cent cinquante mille, est extrait du cinquième rapport sur la marine fait au Parlement par de ses commisaires,

dont quelques-uns officiers de marine , aussi membres du Parlement en 1806 ; et ce rapport peut être considéré comme d'autant plus exact, qu'il servait à baser le produit moyen pendant trois années, des revenus de l'hôpital de Greenwich, que ce rapport concerne.

(27) Cette différence du prix des chanvres, et cette disette des autres objets de marine , indiquées dans ce paragraphe, se trouvent consignés dans les divers journaux anglais de cette époque, et particulièrement dans celui affecté au commerce, sous le titre de *Tradesman* (le Commerçant).

(28) Ces propositions et ces essais sont consignés, entre autres journaux anglais, dans celui intitulé *Naval Chronicle* aux numéros de cette époque.

(29) Extrait de la Gazette anglaise, journal à cette époque considéré comme du ministère, *le Courrier*, n°. 4670, pour le 3 avril 1810.

(30) Journal anglais *le Globe*, dans un de ses premiers numéros du mois de juillet 1810.

Et de plus, on trouve dans le journal périodique intitulé *Quarterly review*, pour le mois de janvier 1814, que dans le cours de la session du Parlement, en 1813, le discours du capitaine *Cochrane* et cette disette de bois qu'il avait annoncé exister dans l'arsenal de Plymouth , ont été des pièces à l'appui des documens présentés et des rapports faits à la chambre des communes, dans ses enquêtes relatives au système alors combattu, d'introduire en Angleterre, comme nationaux, les bâtimens de commerce construits dans leurs établissemens des Indes orientales.

(31) L'étendue de cet écrit ne permet point de présenter ici le tableau des dépenses de la marine anglaise; mais ce tableau, dressé pour un certain nombre d'années antérieures, qui est annexé aux lettres sur la vraie cause de la différence entre la marine française et la marine anglaise, et que d'ailleurs il est assez facile de dresser et de vérifier, fait voir :

1°. Que pendant toute la guerre qui vient de finir, la marine anglaise , terme moyen, n'a pas coûté *par an moins de 460 millions de francs ;*

2°. Que depuis l'avènement au trône de son souverain actuel, c'est-à-dire depuis cinquante-cinq ans, cette marine , aussi terme moyen, et année commune de paix et de guerre, a été l'objet d'une dépense annuelle de 200 millions ;

Et 3°. que la marine anglaise, dont les dépenses des colonies et de la marine du commerce ne font point partie, entre toujours, année commune, pour *un tiers* dans la dépense générale du royaume, en même temps que le département de la guerre y entre pour *un tiers un peu plus fort*; et que le reste formant à-peu-près *l'autre tiers* y sert à couvrir la dépense de tous les autres services intérieur et extérieur, en en exceptant toutefois l'intérêt de la dette.

(32) Le respect dû au prince qui gouverne aujourd'hui la France, m'empêche, en ce moment, de faire remarquer jusqu'à quel point ne se vérifie malheureusement que trop cette pensée, qui date déjà de 1810.

(33) « L'Angleterre étant située comme elle est, » si la France n'était point puissante en vaisseaux, » pourrait entreprendre, au préjudice de celle-ci, ce » que bon lui semblerait, sans crainte de retour.... » Elle pourrait empêcher ses pêches, troubler son » commerce, et faire, en gardant l'embouchure de » nos grandes rivières, *payer tel droit* que bon lui » semblerait aux marchands. » (Testament du cardinal de Richelieu.)

(34) Les Anglais en ont effectivement donné la preuve dès l'année suivante, par l'acte de leur gouvernement, qui a été si généralement connu sous la désignation des *ordres du conseil*, concernant les neutres, et en particulier les Américains, pour lesquels

ees ordres du conseil ont été l'origine de leur guerre actuelle avec l'Angleterre.

(35) On cite ici plus particulièrement ces deux guerres de 1744 et 1755, parce que, dans leur cours et à leur fin, la France s'est trouvée à-peu-près dans la même position relativement à ses ennemis sur le continent, et plus particulièrement l'Angleterre, que dans la guerre qui vient de finir ; avec cette différence cependant, qu'à la fin de ces deux premières guerres qui ne durèrent ensemble qu'environ *onze ans*, la France, qui y perdit *soixante-quatre* vaisseaux de ligne (elle en avait perdu trente-trois dans la guerre de 1702 à 1713, et depuis, elle en a perdu neuf dans celle de 1778 à 1783, qui a duré moins de *cinq ans*), se trouvait en quelque sorte n'en plus posséder ; tandis que dans les dernières *quinze années* qui viennent de s'écouler, nous n'en avons perdu que *quarante-trois*, et nous nous sommes trouvés à la fin de ce temps en posséder encore plus de *cent*, dont plus de *quatre-vingts* ont dû rester à la France, d'après le tableau, nº. 9, de l'exposé de la situation du royaume au premier avril dernier.

Par ce rapprochement des pertes de la France en différentes guerres, et de sa situation à cet égard à la fin de ces guerres, je n'ai point l'intention ni d'accuser, ni de justifier aucun gouvernement, ni aucun ministère..... Etranger à tout parti, je n'ai jamais connu, et j'espère ne jamais connaître que celui de servir de tous mes moyens, quelques faibles qu'ils puissent être, *ma patrie*, dont je crois que des récriminations ne conduiraient jamais au bonheur; mais je n'ai pu me refuser de placer ici ces rapprochemens, seulement pour prouver, *en peu de mots et sensiblement*, que la France a toujours éprouvé dans sa marine des pertes conséquentes, qui ne tenaient certainement pas à l'espèce d'officiers qui composaient l'état-major de son armée navale; puisque, dans presque toutes ces guerres qu'on vient de citer, ces officiers étaient de cette classe de Français qu'on appelait *nobles*, et que, dans les dernières guerres, ils n'étaient, pour la plupart, que de ces classes qu'on appelait *non privilégiées*.

La vraie cause de ces pertes, dans tous les temps, ne doit être attribuée qu'à *un principe moral* nécessaire à l'existence d'une marine; principe dont celle de France a *toujours* été privée, et dont au contraire, celle d'Angleterre a *toujours* joui : or, c'est ce principe moral que l'écrivain de ces lettres s'était attaché à développer dans son ouvrage sur la *vraie cause* de la différence qui existe entre la marine française et la marine anglaise.

Peut-être que l'obstacle qu'il croit maintenant exister à la publicité de ces lettres, pourrait, un jour à venir, ne lui en plus paraître un.

(36) « La France, en s'engageant aussi profondé-

» ment qu'elle l'a fait dans la guerre d'Allemagne,
» non-seulement s'est détournée de porter attention,
» et de donner ses moyens à sa marine, mais encore
» elle a mis l'Angleterre en état de porter des coups
» à ses forces maritimes, telles qu'il n'est guères pos-
» sible que jamais elle puisse les relever.... Ses enga-
» gemens dans cette guerre d'Allemagne l'ont en-
» core empêché de défendre ses colonies, ce qui
» nous a permis de faire la conquête d'une partie des
» plus importantes de celles qu'elle possédait.... Cette
» guerre l'a aussi empêché de protéger son commerce
» extérieur, qui, par défaut de cette protection, est
» entièrement anéanti, tandis que celui de l'Angle-
» terre, dans le temps de la paix même la plus pro-
» fonde, n'a jamais existé aussi florissant : de sorte
» qu'en s'embarquant dans cette guerre d'Allemagne,
» la France s'est laissé anéantir en ce qui concerne
» sa lutte immédiate et particulière avec l'Angle-
» terre. » (Opinion du célèbre M. *Burke* dans son
Annual register, pour l'an 1760, vol. 3, fol. 53,
relativement à la guerre de 1755.

Quand l'expérience servira-t-elle de leçon ?

(37) « L'Angleterre n'a rien à craindre de la supé-
» riorité de la France sur le continent, tant qu'elle
» conservera sa supériorité maritime.... elle peut
» toujours couper les nerfs de la force de cet ennemi
» en détruisant son commerce ; et craindre une in-
» vasion de la part d'un ennemi faible en marine,

» est la plus chimérique de toutes les craintes. »
(Opinion du même M. Burke, dans son *Annual
register* pour l'an 1758, vol. 1er., fol. 12.)

(38) Pour prouver *ce respect*, dont mon intention
n'a point été de m'écarter dans tout le cours de ces
lettres, qu'on me permette de comparer ici *la politique
à la guerre*; l'une et l'autre sont une science qui re-
quiert une infinité de connaissances diverses, et le
maréchal *de Turenne* répondait un jour « *que celui*
» *qui n'avait jamais fait de fautes à la guerre, n'avait*
» *pas fait long-temps.* »